별을 좇아 방랑하라!

클래식 음악에서 찾은
잊혀졌던 삶의 기적들

양 성 원 지음

별을 좇아 방랑하라!

양성원 지음

"부루투스여! 그 잘못은 별들에게 있는 게 아니라,
우리들 자신에게 있다네!"
– 셰익스피어 –

방랑이 가르쳐준 기도

양 성 원

소유를 위해 기도하지 말아야 할 것이다.
그것은 기도가 아니라 구걸이기 때문이다.
지금 내게 있는 것으로 무엇을 할 수 있을지,
그것을 알 수 있는 지혜를 달라고 기도해야 할 것이다.
그리고 나면,
더욱 큰 소유를 얻게 될 것이다.

넘어지지 않게 해달라고 기도하지 말아야 할 것이다.
그것은 나약함을 더욱 키울 뿐이기 때문이다.
넘어졌을 때 다시 일어날 용기와 힘을 달라고 기도해야 할 것이다.
그리고 나면,
넘어지더라도 곧 다시 일어나 걸을 수 있을 것이다.

두려움을 피해가게 해달라고 기도하지 말아야 할 것이다.
그것은 비겁함과 다르지 않기 때문이다.
그 두려움 앞에 당당하게 맞설 용기를 달라고 기도해야 할 것이다.
그리고 나면,
그 두려움은 단지 허상에 불과하다는 것을 알게 될 것이다.

그 모든 기도를 마치고 나면
이제는 알게 될 것이다.
내가 기도하기도 훨씬 전에,
그 분께선 이미 모든 것을 내게 주셨다고!

그리고는 맛볼 수 있을 것이다.
하늘의 평화를!

Contents

Prologue 길을 잃은 곳에서 길을 찾다	8

1장 구름 속으로 ·· 14
사라진 꿈을 향히여 16
노래의 날개 위에 22
'별'을 좇아 '방랑'하라 28
희망은 좋은 거예요 34
구름 속으로 40

2장 사랑의 빛 ·· 46
우아한 걸음(미뉴에트)으로 사랑을 부르는 봄비를 기다리며 48
고독여행 52
동상이몽 56
사랑의 묘약, 눈물 60
말없이 64
사랑의 빛 70
4개의 사랑 이야기 76

3장 내 이름은 '기회'(opportunity)다! ································ 102

'느림'이 주는 선물   104
화려함을 벗고   112
때로는   116
쿨다운(Cool Down)   120
나는 지금 무엇을 기도하고 있는가?   126
내 이름은 '기회'(opportunity)다!   130

4장 실패할 기회, 다시 일어설 용기 ································ 136

삶의 통주저음   138
'망각'(Oblivion)을 벗고   142
고통으로 피운 꽃, 그리고 평온함   148
부적응자들   154
실패할 기회, 다시 일어설 용기   160
일곱 빛깔 한 데 모여, 한 줄기 빛 되어   166

Epilogue   또 다른 낯선 길을 향하여   172

Prologue

길을 잃은 곳에서 길을 찾다

이탈리아의 경제학자 빌프레도 파레토(Vilfredo Pareto, 1848-1923)가 '이탈리아 인구의 20%가 이탈리아 전체 부의 80%를 가지고 있다'고 주장한 이후, 이 이론은 정치, 경제, 사회, 문화 등 거의 모든 영역에 걸쳐 널리 적용되고 있다. '20대80 법칙'으로 알려져 있는 그 '파레토 법칙'(Pareto's law)이다.

이 법칙은 꿈을 얘기함에 있어서도 예외 없이 적용되는 것 같다. 세상에서 20%의 사람들은 자신의 꿈을 쫓아 살고, 그 나머지 80%는 특별한 꿈 없이 그냥 살아간다는 의미다. 다시 말해서, 20%는 자신의 꿈을 이루며 살아가고, 80%는 남(20%)의 꿈을 위해서 살아간다는 것이다. 팀 버튼(Tim Burton) 감독이 자신의 영화 <에드 우드>(Ed Wood, 1994)에서 일침을 가한 이 한 마디는 그냥 지나칠 수 없다.

"소신(visions)이 있다면 싸울 가치는 있는 겁니다.
왜 남의 꿈을 이루는 데 인생을 보냅니까?"

많은 사람들이 특히 지금을 가리켜 '꿈이 없어진 시대'라고들 한다. 이는 아마도 이전에는 지금에 비해 더 살기 좋았다는 생각에서 나온 상대적 개념일 것이다. 그런데 여기에는 다시 한 번 생각해 볼 여지가 남아있다. 별 어려움 없이 직장을 구해서 생활할 수 있었기 때문에 좀 더 편하게 살 수 있었다고 하는 것은 동시에 꿈이라고 하는 것도 별로 필요치 않았다는 의미가 되기도 한다. 사람에겐 편안하고 안정될수록 더 이상 움직이지 않고 제 자리에 머무르려고 하는 성향이 있으니까! 따라서 이런 시대를 두고 꿈이 있었던 시대라고 말하기는 어려울 것 같다. 꿈은 주위 환경에 따라서 바뀌는 게 아니라, 아주 주관적으로 각자의 삶속 깊은 곳에 그 뿌리를 내리고 있는 게 아닌가? 결과적으로, 많은 사람들이 말하는 것과는 달리, 꿈이 없는 80%의 이야기는 시대를 불문하고 항상 그 자리에 있었고, 지금도 그렇고, 앞으로도 그럴 것이라는 원점으로 되돌아오게 된다.

그럼에도 지금을 '꿈이 없어진 시대'라고 말하는 현실은 여전히 우리 앞에 놓여있다. 이것은 갈수록 심해져만 가는 변화의 소용돌이 속으로

Prologue

휩쓸려 세상에서 바라볼 별들이 점점 사라지고 있음을 안타까워하며 내쉬는 깊은 한숨일 것이다. "분명한 사실이며, 현실이다. 그래서 오히려 지금이 내 마음의 별을 찾아 나설 절호의 기회일 것이다. 지금이야말로 그 별을 좇아 방랑하기에 딱 좋은 때일 것이다. 그 방랑의 끝에 맺게 될 열매가 더 달콤하고 풍요롭지 않겠는가!" [본문 중에서]

방랑!

당장에 원하는 꿈이 있어서 그것을 목표로 하여 계획을 세우고 좇아갈 수만 있다면 더할 나위 없을 것이다. 하지만 이러한 이상적인 삶이 불가능하다면 그 순서를 바꿔보는 것도 하나의 방법이다. 꿈을 좇아 방랑하는 것이 그것이다. 그 순서가 순방향이든 역방향이든, 이를 긍정과 부정의 이분법적 시각으로 바라볼 필요는 없다. 아니, 그보다는 그냥 서로 다른 각자의 삶의 스타일로 보는 게 더 옳지 않을까?

생각해 보라. 삶의 목표와 계획이 꼭 있어야 한다고들 하지만, 막상 살아보면 계획대로 되는 일이 얼마나 있는가? 또 그 순서가 뒤바뀌어, 당장에서는 목표와 계획이 없더라도 계속해서 어디론가 가다 보면 무언가를 하나씩 발견하게 되고, 그 보물과도 같은 발견으로 인해 목표와 계획이 뒤따르는 경우도 많지 않은가? 이렇게 보면, 목표와 계획이 앞서 있든 뒤따르든 상관없이, 이 양자의 삶은 매번 길을 잃은 곳에서 그 다음 갈 길을 만나게 되는 반복과정이라는 점에서, 끊임없는 시행착오라는 점에서 본질적으로 동일하다고 볼 수 있다.

나 역시 명확한 꿈을 바탕으로 목표를 정하고 계획을 세워 좇아가는 이상적인 삶과는 거리가 먼 삶을 살아왔다. 그렇지만 그 시간들은 단지 각양각색의 아름다운 삶의 보물들을 하나씩 발견해가는 과정에 지나지 않았음을 이제는 조금 알 것 같다.

대학에서 신학을 전공하던 20대에는 방랑하는 줄도 모르고 방랑했고, 그 끝에 성악이라는 완전히 다른 길로 들어섰다. 성악으로 30대를 시작한

Prologue

지 얼마 되지 않아서는 인생을 통째로 뒤집어놓은 교통사고를 겪으며, 나는 완전히 절벽 아래로 떨어졌다. 그리고 내가 아무 것도 할 수 없었던 그 때에 헤아릴 수 없을 만큼의 수많은 사랑을 만났다. 비록 완전한 몸 상태로 회복한 건 아니었지만 그렇게 새로운 삶을 얻게 되었고, 우여곡절 끝에 성악과를 졸업할 수 있었다. 하지만 그것도 거기까지였다. 그리고는 영어강의를 시작했다. 40대가 시작하면서는, 야심차게 시작했던 영어학원사업의 실패, 또다시 교통사고, 이별 등이 한꺼번에 찾아왔다. 또 한 번 아무 것도 할 수 없게 된 그 때에, 졸업 후 줄곧 덮어뒀던 악보를 다시 꺼내 노래하고, 가슴속에 오랫동안 묻어뒀던 온갖 생각들을 글로 쓰기 시작했다. 다시 몸을 추스르기 위해 운동도 시작했다. 그렇게 기운을 좀 차린 후에 영어강의도 다시 시작했다.

그리고 이제 50대! 스티브 잡스가 스탠포드 대학 졸업생들을 향해, 당시에는 그것이 무엇인지 도무지 이해할 수 없었던 인생의 모든 "전환점들은 (결국) 서로 연결된다"며(connecting the dots), 중요한 것은 "자신의 마음과 직관을 따를 용기"(courage to follow your heart and intuition)를 갖는 것이라고 역설했던 게 한층 더 마음에 와 닿는다.

  이전에는, 내게 있어서 클래식 음악은 낯설음이었고 힘겨움이었으며 조바심이었다. 하지만 이제는 별을 좇아 방랑하는 보통 사람들의 서로 공감할 수 있는 삶의 이야기로 다가와서 친근함, 편안함, 여유로움이 되기 시작했다. 그렇게 그 이야기들은 나의 방랑 속으로 들어와, 이제 또 하나의 이야기로 살아 숨쉬기 시작한다.

2020년 1월 1일
연희동 어느 커피숍에서
양 성 원

스마트폰으로 QR 코드 검색을 통해
본 저서에 수록된 작가의 추천음악을
감상하실 수 있습니다.

저 구름 속을 잠시 지나고 나면,
더없이 맑고 달빛 별빛 찬란한 하늘을 보겠지!

1장

사라진 꿈을 향하여
노래의 날개 위에
'별'을 좇아 '방랑'하라
희망은 좋은 거예요
구름 속으로

구름 속으로

사라진 꿈을 향하여

피아니스트 손열음이 어느 인터뷰에서 한 말이 머릿속에 꽤 오래 남아있다. "음악은 예상하지 못한 곳으로 흘러가는 맛"이 있고, 그래서 "재밌기도" 하다는 것이다. 결과에 연연해하지 않고 그 순간을 즐길 줄 아는 그녀가 느껴졌다. 그리고 이러한 그녀의 평소 마음가짐은 그 속에 녹아내려 있던 어머니의 가르침을 보고 난 뒤에 한층 더 잘 이해되었다. "경쟁보다는 몰입을, 그리고 결과에 대해서는 초연하게!" "누구와도 비교하지 말고 너만의 열매를 맺어라!"

가브리엘 포레

프랑스 서정음악의 거장 가브리엘 포레(Gabriel Fauré, 1845~1924)는 자신의 어린 시절을 이렇게 회상했다. "나는 틈만 나면 교회로 달려가 풍금을 치면서 놀았다. 실력은 형편없었다. 테크닉도 없었고, 바르게 치는 법도 몰랐다. 하지만 분명한 것은 그것을 치면서 행복했다는 것이다." 그런 시간을 통해 마침내 자신만의 열매를 맺었기에, 포레의 음악은 과장되지 않고 단순하다. 풍부하고 감미로운 화성 속에서 뽑아져 나오는 한줄기 선율은 더욱 곱고 섬세하기만 하다.

그의 곡은 우선 이탈리아의 베르디 오페라가 뿜어내는 화려하고 장엄하면서도 극적인 외적 표현과는 거리가 멀다. 그보다는 오히려 독일의 슈베르트 가곡에 젖어있는 소심한 듯 가녀리면서도 깊은 내적 슬픔을 담고 있다. 하지만 그는 거기서 멈추지 않고, 슬픔을 넘어 기쁨과 행복으로 나아간다. 그 가운데서도 프랑스적인 우아함을 잃지 않고 있다. 그래서 그런지 그의 곡을 연주한다는 것은 마치 명주실로 비단을 자아내기 위해 엄청난 노력과 정성을 들이는 것과도 같은 느낌이다. 그 대표적인 곡으로 '꿈을 꾼 후에'(Après un rêve)를 들 수 있다. 원래는 성악곡인데 여러 기악곡으로도 널리 연주되어 누구라도 들어보면 "아!" 하며 미소 지어 보일 곡이기도 하다.

이 곡에는 '꿈'이라고 하는 판타지가 그대로 스며있다. 그 선율 위에다 포레는 자신의 약혼녀 마리안 비아르도와 파혼한 후 힘겹게 겪어야 했던 깊은 절망과 다시 찾고 싶은 애절함을 다음과 같이 담았다고 한다.

꿈속에서 그녀의 모습을 보네.
그녀의 눈동자와 목소리는 맑기만 하네.
새벽하늘과 같이 빛나는 그녀가 그를 부르네.
그는 이 땅을 떠나 그녀를 따르네.
하늘이 열리고,
그녀와 함께 그 찬란한 미지의 세계, 거룩한 빛 속으로 향하네.
바로 그 순간, 잠에서 깨어나네. 탄식하네.
그리고 그는 그 신비로운 밤을 향해, 그 꿈을 향해 절규하네.
제발 다시 돌아오오!

-포레의 가곡 '꿈을 꾼 후에' 중에서

이 곡의 맨 마지막에서, 순식간에 사라져버린 그 꿈을 향해 "제발 다시 돌아오오!"라고 외치는 절규에서 포레가 당시에 얼마나 힘겨워 했었는지를 충분히 느껴볼 수 있다. 이와 동시에, 이 노래를 통해서 절망에 빠져있던 자신이 상당 부분 위로받았을 것으로 생각한다. 포레는 어릴 적부터 줄곧 음악을 함에 있어, 오로지 자신의 순수한 행복감에만 전념했던 점을 떠올려보면 충분히 그리 짐작해볼 만하다.

일반적으로 엄숙하고 장엄한 느낌을 지닌 레퀴엠을 작곡함에서도 포레의 그러한 면이 그대로 녹아들어 있다. 자신의 <레퀴엠>을 두고 "어떤 것을 위해서 작곡된 것"이 아니라, "꼭 말을 해야 한다면,

즐거움을 위해서 작곡"된 것이라고 말했던 점을 보면 좀 더 분명하다. 즉 기존의 레퀴엠이 노래하던 '죽음'을 자신의 <레퀴엠>에서는 "행복을 향한 기쁨에 찬 열망"으로 표현함으로써, 그는 '죽음'에 대한 전통적인 시각을 정반대로 돌려놓았던 것이다.

포레가 이토록 자신만의 음악에 충실했다고 하는 것은 한편으론 당시 주위 사람들의 반발이 적지 않았을 것이라는 점을 짐작케 한다. 그의 <레퀴엠>에 대한 마들렌 성당 신부의 부정적인 반응이 한 예이다. 또, 그가 파리 음악원 작곡과 교수 자리에 지원했을 때(1892), 음악원 교수들은 그의 음악을 불손한 모더니즘이라고 생각했으며, 특히 그곳 원장이 결사반대했다고 하는 사실이 또 하나의 예이다. 하지만 그는 별로 개의치 않았던 것 같다.

포레는 학생들을 가르침에 있어서도 자신의 일관성에 변함이 없었다. 그는 열린 마음으로 열성을 다해 제자들을 가르쳤다. 하지만 자신의 스타일을 강요하진 않았다. 그 자신이 음악 속에서 자신만의 즐거움을 추구했듯이, 제자들 또한 각자 자신만의 즐거움을 쫓고 찾길 원했던 것이다.

사실, 당시 유럽의 음악계에는 바그너(Richard Wagner, 1813~1883)가 대부분의 작곡가들에게 지배적인 영향을 미치고 있었다. 포레 또한 그를 존경했으며, 그의 음악을 꼼꼼하게 연구했다. 하지만 그것을 자신의 작품에 반영하진 않았다. 그것이 바로 포레의 모습이었다.

　이렇듯, 포레의 삶에는 시종일관 변함없이 흐르는 한 줄기의 맥이 있다. 기존의 틀을 인정하고 익히면서도 그에 물 들거나 타협하지 않고 자신, 곧 자신만의 즐거움을 꿋꿋하게 지킨 점, 동시에 그 누구에게 강요하지도 않았던 점이다. 낭만시대를 터전으로 시작했던 그가 근대의 길을 열고, 결국 '자신만의 열매'를 맺어 "프랑스 근대음악의 아버지"라는 평가를 받기까지, 그는 오로지 자신에게 충실함으로 증명해 보였다.

<사진 장기윤>

내 눈과 귀가 머물러있는 바로 그곳이 커진다는 것이 자연의 이치일 것이다. 눈과 귀가 세상에 오래 머물러 있으면, 세상은 점점 커지는 반면 그 속에 있는 자신은 계속 작아져만 갈 것이다. 만약 삶이 불행하다면 그 궁극적인 원인은 바로 여기에 있을 것이다. 반대로 눈과 귀가 자신에게 오래 머물러 있다면, 자신이 점점 커져서 즐거움과 행복에 가득 찬 눈으로 세상을 바라볼 수 있게 될 것이다. 당연한 선물로 삶의 행복이 따를 것이다.

나는 지금 언젠가 사라져버린 나의 꿈을 돌이켜 본다. 그리고 그 꿈을 향해 다시 한번 손 내밀어 불러본다.

"제발 다시 돌아오오!"

♬ 추천음악을 감상해 보세요!

음악 - 가브리엘 포레(Gabriel Fauré)
제목 - 꿈을 꾼 후에(Après un rêve)
연주 - 베이스 바리톤 제라르 수제(Gérard Souzay)

추천음악 감상하기

노래의 날개 위에

일상의 온갖 상념으로 가득한 오후 한때면, 나는 종종 어느 시간에 맞춰 FM 라디오를 켠다. 거기에는 어김없이 프로그램의 시작을 알리는 한 클래식 선율이 있다. 멘델스존(Felix Mendelssohn, 1809~1847)의 가곡 '노래의 날개 위에'(Auf Flügeln des Gesanges)!

펠릭스 멘델스존

짧았던 38년 동안 멘델스존의 생애는 안타깝지만 행복해 보인 삶이었다. 물질적인 부유, 좋은 벗과 학문과 만남, 우아한 용모, 세련된 사교성 등! 자신의 이름이 말해주듯이, 그는 분명 '펠릭스'(Felix; 행운아)였고, '엄친아'였다. 그랬기에 전반적인 그의 음악에는 슈베르트, 브람스 등의 음악들에 담겨있는 슬픔, 애절함, 우울함 등과는 달리 맑음, 상쾌함, 부드러움 등이 가득 담겨있다. 그가 곡을 붙인 '노래의 날개 위에'를 들어보면 그 느낌들은 더욱 분명해진다.

> 노래의 날개 위에 올라서서 함께 가요, 사랑하는 사람아!
> 갠지스강 기슭 푸른 풀밭에 우리 둘만이 갈 만한 곳이 있으니.
> …
> 달빛 환하게 떠오른 꽃동산, 잔잔한 호수에서 미소 짓는 연꽃들
> …
> 맑은 시냇물의 싱그러운 소리 멀리 아스라이 울리는 그곳
> …
> 사랑하는 그대와 함께 누워 사랑의 기쁨을 함께 나누며
> 아름다운 꿈을 꾸며 함께 살아가요.
>
> — 멘델스존의 가곡 '노래의 날개 위에' 중에서

그런데 여기에 뭔가 석연찮은 부분이 눈에 들어온다. 유럽 속 독일에서 아시아의 인도에 있는 갠지스강을 노래한 점이 그렇다. 또 그 강을 연꽃 핀 잔잔한 호숫가에서 맑은 시냇물 흐르는 소리를 들으며 푸른 풀밭에 누워 두 연인이 사랑을 속삭이는 낙원, 유토피아로 묘사하고 있다는 점은 더욱 그렇다.

사실, 유럽 전반에 걸쳐 갠지스강은 여러 문학에서 자주 등장한다. 특히 당시 독일의 인도 예찬 분위기는 남달랐다. 그렇게 유럽인들이 노래했던 갠지스강은 인도인들의 현실인 삶과 죽음이 공존하는 성지로서의 모습과는 전혀 달랐다. 유럽인들에게 그 강은 낙원이요, 유토피아였다.

낙원, 유토피아는 사실 현실적인 발길이 닿을 수 없는 곳이다. 그리고 당시 유럽인들에게 있어서 갠지스강은 그런 곳이었다. 즉, 사회적으로 화제가 되어 떠들썩한 분위기 속에서 많이 들어보긴 했지만, 현실의 삶 속에선 직접 가볼 수 없는 곳이었다. 그래서 그들은 상상 속에서 그곳을 그리기 시작했다. 그 결과로 인도인들의 그 성지는 유럽인들이 문학 속에서 자신들의 서정성과 감수성으로 만들어낸 낙원, 유토피아로 그 모습이 바뀌게 되었다. 다시 말해서, 유럽인들의 갠지스강은 꿈속의 세계, 동화 속의 세계였다는 의미다.

그렇게 유토피아를 꿈꾸고 꽃피워가는 동안, 그들의 영혼은 더욱

<사진 장기윤>

풍요해지고 있었다. 그리고 그 풍요해진 영혼은 곧바로 삶의 현실까지도 풍요롭게 채워나갈 수 있는 원동력이 되었다. '시인의 사랑'(Dichterliebe)이라는 시로 슈만(Robert Schumann)에게 영감을 주어 곡을 쓰게 하기도 했던, 그 독일의 낭만시인 하인리히 하이네(Heinrich Heine, 1797~1856)는 '노래의 날개 위에'라는 자신의 그 시를 통해, 바로 그 유토피아의 고요함, 평화로움, 아름다움을 갈망하고 있었다. 이에 멘델스존이 음악을 붙여, 그 갈망은 한층 더한 염원으로 표현되었다.

이 노래를 계속해서 듣고 있으면, 우아한 날갯짓으로 맑은 하늘 높이 날다 미끄러지듯 잔잔한 호수 위로 살포시 내려앉는 한 마리의

　새처럼, 그 선율은 부드럽고도 포근하게 흐르다 내 영혼 속으로 날아드는 것 같다. 그 순간 나의 영혼은 이미 어느 물결 고요한 호숫가 푸르른 풀밭에 누워있다. 피부를 부드럽게 감싸는 듯 스쳐 지나는 산들바람이 느껴지는 듯하다. 그 바람에 이는 자그만 풀잎들의 물결이 내 귓가에서 속삭이고, 그 속삭임에 내 온 몸은 작은 떨림으로 답한다. 그리고 흙과 풀과 꽃들이 뿜어내어 어우러진 향기는 바람을 타고 내 호흡 깊숙이 들어와 나를 취하게 한다.

　라디오에서는 그 시그널 음악에 이어 두어 곡의 클래식이 나오는가 싶더니 어느새 프로그램이 끝난다. 그토록 지치게 하던 온갖 일상의 무게들이 온데간데없이 사라진 느낌이다. 예전에 유럽인들이 꿈꾸었던 그 낙원 근처에라도 잠시 다녀온 것 같다. 하지만 그곳은 다시금 꿈속 저 멀리 사라져버리고, 나는 다시금 일상으로 돌아온다. 좀 전과 그리 다를 건 없는 일상이다. 하지만 마음만은 새롭다.

유토피아는 내가 한 발짝 다가서면 한 발짝 물러서고, 내가 열 발짝 다가서면 열 발짝 물러선다고 한다. 결국엔 이를 수 없는 곳이다. 하지만 그래서 오히려 고마워하고 반길 일이다. 왜냐하면, 우리가 그곳에 일찍 도착하면 할수록 그만큼 우리의 삶은 일찍 끝나고 말 것이고, 반대로 가야 할 길이 늘 그만큼 남아있다는 것은 우리의 삶이 늘 그만큼 남아있다고 하는 의미가 될 테니까!

♬ 추천음악을 감상해 보세요!

음악 - F. 멘델스존(Felix Mendelssohn)
제목 - 노래의 날개 위에(Auf Flügeln des Gesanges)
연주 - 소프라노 바바라 보니(Barbara Bonney)

추천음악 감상하기

'별'을 좇아 '방랑'하라!

    지금부터 불과 약 10년 남짓 후인 2030년까지, 현재 미국 노동인구의 최고 1/3까지는 다른 일자리를 찾아야 할 것이라고 한다. 이 연구를 발표한 글로벌 컨설팅 전문업체 맥킨지(McKenzie Global Institute)는 경제지 포브스(Forbes)와 함께 최고의 비즈니스 서적 한 권을 선정했다. 마틴 포드(Martin Ford)의 「로봇의 부상: 기술 그리고 일자리 없는 미래의 위협(Rise of the Robots: Technology and the Threat of a Jobless Future)」이다. 이제 우리는 더욱더 많은 이들이 방황하게 될 불확실성 한가운데에 있다.

    아버지는 아들이 법을 공부하길 원했다. 하지만 아들은 아버지 몰래 음악을 공부했고, 당대 최고의 음악원에 들어갔다. 이에 그치지 않고 그는 그마저도 중퇴하고 어느 순회 악단에 들어가 방랑을 계속했다. 그 속에서 시골과 그곳 서민들의 삶을 면면이 들여다보고 느끼며 마음속에 차곡차곡 쌓았다. 그리고 아무런 꾸밈없이 있는 그대로 자신의 오페라에 담아냈다. 시골 음악 교사로 지내던 중(27세), 그는 '단막 오페라 현상공모'에 자신의 그 작품을 출품했고, 1위에 당선되면서 일약 세계적인 스타가 되었다. 피에트로 마스카니(Pietro Mascagni, 1863~1945)는 그렇게 방랑하였고, 그 방랑은 오페라 '카발레리아 루스티카나'(Cavalleria Rusticana, 시골 기사)라는 열매를 맺었다.

피에트로 마스카니

'시골 기사'라는 제목만으로도 그 내용이 잘 느껴진다. 우리에게 익숙한 전통적인 기사는 윤리와 철학으로 무장되어 약한 자를 돕고 적과는 용감하게 맞서는 '도시의 기사'다. 하지만 마스카니의 그 기사는 전혀 다르다. 쉽게 사랑에 뜨거워지기도 식어버리기도 하고, 쉽게 화내기도 웃기도 한다. 경박하게도 보이면서 그래서 오히려 순박해 보이기도 한다. 도시와 문명의 세련됨은 그 어디에서도 찾아볼 수 없는, 그야말로 거칠디 거친 원석 그대로의 모습이다.

마스카니의 방랑은 프랑스혁명(1787~99)으로 인한 수많은 변화들 한가운데에 있었다. 이전에 귀족, 부호들이 즐겼던 영웅, 신화 등을 주로 다루었던 예술, 문화는 서민들의 일상적인 삶을 그리는 데로 이제 그 중심을 옮겨갔다. 소위 말해, 비주류였던 'B급 문화'가 주류로 부상한 것이다.

당시 이러한 변화의 바람은 '베리스모'(verismo,사실주의)라는 이름표를 달고, 문학에서 시작하여 오페라로 이어갔다. 새로운 문학이 새로운 음악으로 옷 입게 된 것이다. 이제는 음악에서도 기존의 어렵고 난해한 기교와 과장을 버리고 극중 인물의 감정 표현에 충실하여, 비교적 단순하고 편안한 선율과 그에 따른 표현법들을 사용하게 되었다는 말이다.

오페라의 베리스모 시대를 연 시초이자 대표적인 작품으로 평가되는 작품이 바로 마스카니의 '카발레리아 루스티카나'이다. 그리고 많은 작곡가들이 그 뒤를 이었다. 19세기 파리의 어느 허름한 옥탑방, 추운 겨울날 땔감도 없어 시인의 원고 뭉치를 태울 정도로 가난한 예술가들, 그 가운데서 피어오르는 따뜻하고 가슴 아픈 사랑! 바로 그 오페라 <라보엠>의 작곡가 푸치니(G. Puccini)가 대표적이다.

사람들은 입을 모아 '불확실성의 시대'를 얘기한다. 이는 삶이 좇을 별들이 점차 사라져 감을 의미할 것이다. 이에 따른 불안으로 많은 이들이 쫓기고 방랑하고 있다. 그런데 사실, 그 세상 별들이 사라져 간다는

「별을 좇아 방랑하라」 표지

것이 문제가 아닌 것 같다. 더욱 중요한 문제는 그로 인해 내 안에서 두려움이 일어난다는 것, 그리고 그 두려움이 우리 마음속의 별들을 앗아간다는 것이다.

옛사람들은 이를 두고 '재앙'이라 여겼다. 영어단어 'disaster'는 'dis'(떨어져, 없어져)와 'astro'(별)의 합성어다. 즉 '별이 없어졌다'라는 말이다. 그것이 곧 '재앙'이란 의미다. '대공황'이라는 '재앙'을 이기게 했던 루즈벨트(F. D. Roosevelt) 대통령 또한 바로 이 점을 지적했다. "우리가 진정으로 두려워해야 할 것은 두려움 그 자체다."

세상에서 바라볼 별들이 계속해서 없어지고 있다. 그것도 아주 빠른 속도로, 아주 많이…! 분명한 사실이며, 현실이다. 그래서 오히려 지금이 내 마음의 별을 찾아 나설 절호의 기회일 것이다. 지금이야말로 그 별을 찾아 방랑하기에 딱 좋은 때일 것이다. 그 방랑의 끝에 맺게 될 열매가 더 달콤하고 풍요롭지 않겠는가!

한동안 '투잡족'에 대한 기사들이 꽤 있었다. 하나의 일자리로는 생계가 어려워, 부업에 나서는 이들의 얘기다. 근래에는 'N잡러'를 말하는 글들이 점점 눈에 띈다. 이들은 자기 스스로, 자신들의 마음의 별을 좇아, 원하는 여러 개의 일자리를 가진 사람들이다. 방랑의 시대에 들려오는 기분 좋은 방랑의 소식이다.

오페라 '카발레리아 루스티카나'에서 특히 간주곡은 더없이 아름답고도 신비롭다. 더 말할 나위 없을 정도다. 나아가 이 곡은 '아베 마리아'라는 제목으로 가사까지 입혀져, 또 하나의 불멸의 아베 마리아 선율로 탄생했다. 마스카니가 방랑으로 얻은 생의 가장 큰 선물이요, 별일 것이다.

그 별은 지금도 여전히 우리 마음속에서 아름답게 빛나고 있다.

별은 내 눈에 보여서 있고 보이지 않아서 없는, 그런 게 아니다. 수없이 많은 별들이 내 얼굴 위로 와르르 쏟아질 것 같은 날이 있는가 하면, 짙은 구름에 가려 그 흔적조차 찾아보기 어려운 날도 있다. 하지만, 보라! 그 별들은 예전부터 지금껏 변함없이 그 자리에서 반짝이고 있다. 또 앞으로도 여전히 반짝일 것이다. 셰익스피어도 그것을 말하고 싶었던 것 같다.

"부루투스여! 그 잘못은 별들에게 있는 게 아니라,
우리들 자신에게 있다네!"

♫ 추천음악을 감상해 보세요!

음악 - 마스카니(Pietro Mascagni)
제목 - 아베 마리아(Ave Maria)
연주 - 메조 소프라노 엘리나 가랑차 (Elīna Garanča)

"희망은 좋은 거예요!"

　근래에 들어 극장가에서는 추억의 명작들을 재개봉하는 데에 앞을 다투며 열을 올리고 있고, 영화 애호가들로부터도 좋은 반응을 얻고 있다고 한다. 그 뉴스를 보던 중 '쇼생크 탈출' 포스터가 눈에 들어왔다. 그리고는 이내 귓가에는 '쇼생크 탈출에 나오는 오페라'로 얘기되는 바로 그 노래가 맴돌고 있었다. W. A. 모차르트의 오페라 <피가로의 결혼> 3막에 나오는 '편지의 이중창'이다.

　<피가로의 결혼>은 영주인 백작이 자신의 권리인 '프리마 녹테'(Primae Noctis: 초야권)를 행사하려는 데서부터 이야기가 전개된다. 초야권은 중세 시대 영주가 자신의 영지에서 보호받고 있는 농노의 딸이 결혼할 때 그 신부의 첫날밤을 취하는 권리를 의미한다. 따라서 그 영주의 권리는 그 영지에서 소작하는 농민들에게는 벗어날 수 없는 굴레일 수밖에 없었다. 그리고 모차르트의 이 오페라는 그 굴레로부터 탈출하는 과정을 풍자와 해학으로 얘기하고 있다.

　백작이 혈안이 되어 취하려고 하는 그 초야권은 그를 둘러싼 극중 인물들의 삶을 얽매어 슬픔과 고통에 빠뜨리는 굴레로 존재하고 있다.

백작 부인에게 있어, 그것은 이미 권태기에 빠져 다른 여인들에게 눈을 돌리고 있는 남편으로 인해 받는 외로움과 슬픔이다. 또 이제 막 결혼을 앞둔 피가로와 수잔나에게 있어서는, 신혼의 단꿈을 무참히도 짓밟히게 되는 고통이다.

'편지의 이중창'(산들바람 불어오며)은 바람둥이 백작을 따돌리기 위해 두 여인이 음모를 꾸미며 편지를 쓰는 내용이다. 그 음모는 바로 초야권을 행사하려는 백작의 굴레에서 벗어나는 것을 의미한다. 두 여인 즉 백작 부인과 그녀의 시녀 수잔나는 이제 계급의 차이를 떠난 운명공동체가 되어 있다. 각자 자신의 사랑을 되찾으려 하는 희망공동체를 의미한다. 백작부인에게는 어느덧 식어버린 남편의 사랑을 되찾는 희망이며, 수잔나에게는 음흉한 백작에게서 벗어나 마침내 사랑하는 피가로와 행복한 결혼을 하게 될 희망이다. 따라서 이 이중창을 부르는 두 여인은 한껏 희망에 부풀어 있다.

이 곡에 쓰인 조성인 B♭(내림나) 장조가 작곡가들이 일반적으로 희망, 사랑을 표현하기 위해 즐겨 쓰는 조성인 점까지 고려해보면, 노래를 부르는 두 사람의 희망은 더욱 생생하게 드러나 보인다.

한편, 이 아리아를 들으며 자신의 마음속 깊이 간직하고 있는 희망, 그 자유를 한껏 즐기고 있는 이가 또 한 사람 있다. 영화 <쇼생크 탈출>의 앤디 듀프레인(팀 로빈스 분)이 바로 그 주인공이다. 그는 이 노래를 들으면서, 자신이 얽매여 있는 굴레인 그 교도소에서 탈출하여 마침내 자유를 누리게 될 꿈과 희망을 잠시나마 만끽하고 있었다.

　영화 속에서 그 자유를 느낀 것은 비단 앤디 뿐만이 아니었다. 희망은 위험한 것이고, 이성을 잃게 하며, 아무 쓸모 없는 것이라는 사실을 받아들여야 한다며 앤디에게 단호하게 말하던 레드(모건 프리먼 분) 또한 이 노래를 통해 뭔지 모를 그 자유를 느끼고 있었음을 그의 독백을 통해 느낄 수 있다.

<사진 장기윤>

> 노래가 말로 표현할 수 없을 정도로 아름다웠다. 그래서 가슴이 아팠다. 이렇게 비천한 곳에서는 상상도 할 수 없는 먼 곳으로부터 새 한 마리가 날아와 우리가 갇혀있는 삭막한 새장의 담벼락을 무너뜨리는 것 같았다. 그 짧은 순간, 쇼생크에 있는 우리 모두는 자유를 느꼈다.
>
> - 영화 <쇼생크 탈출> 중에서

    이 영화를 보면 볼수록, 쇼생크는 마치 우리 모두를 에워싸고 있는 삶의 현실과도 같다는 느낌을 피할 수가 없다. 레드가 쇼생크를 두고 "처음엔 싫어하고, 다음엔 익숙해지고, 결국엔 그곳에 의존하게" 되는 곳이라 말한 것에 너무나도 공감이 가기 때문이다.

    그렇게 의존하게 되어버린 삶 속에서, 우리는 희망을 말하기를 정색하며 꺼리곤 한다. 그러면서도 마음속 깊은 곳에서는 희망을 원하고 있음을 부인할 수 없다. 하지만 그 속에 깊이 묻어둔 지 오래다. 그 상처 위로 딱지까지 앉아버려 잊혀져버렸다. 이제 와서 새삼 그 딱지를 떼어내고 묻어뒀던 것을 다시 끄집어내자니 두렵고 고통스럽기만 하다. 그래서 우리는 애써 거부하고 고개 돌리게 된다. 그리고 그렇게 보낸 시간이 쌓여 이제는 그 감정마저 무뎌질 대로 무뎌져 버렸다.

    희망을 그렇게 묻어둔 채, 우리는 매일매일 속에서 무엇에 그렇게 쫓기고, 무엇을 그렇게 쫓고 있는 것일까? 로마시대를 살았던 노예들의 꿈이 노예 신분으로부터의 해방, 곧 자유가 아니라, 노예장이 되는 것이었다고 하는 얘기가 2천 년 전뿐만 아니라 지금도 여전히 그 힘을 잃지 않고 있다는 사실이 마음을 아프게 한다.

고전주의 음악(1750~1820년경)의 핵심 키워드는 '절대음악'이다. 누구든 그 편안하고 부드러운 선율과 화성들이 빚어내는 아름다움을 마음으로 느낄 수 있다면 그걸로 충분한 음악이다. 그 한가운데에 모차르트가 있다. 고전파 연주에 뛰어났던 20세기 초 피아니스트 에드윈 피셔(Edwin Fischer)는 "'마음으로 느낀다'는 것만이 모차르트의 음악 세계의 핵심으로 들어가는 숨은 문을 여는 열쇠"라고 한다. 영화 속에서 '편지의 이중창'이 흘러나올 때, 앤디, 레드, 그리고 다른 재소자들까지 모두가 바로 그 열쇠로 문을 열고 모차르트 음악 속으로 들어가, 잠시나마 자유를 느꼈던 것 같다.

그 옛날 백작부인과 시녀가 불렀던 그 희망의 노래는 영화 <쇼생크 탈출>에서 이렇게 다시 살아나 보는 이들의 마음 문을 열었다. 그리고 영화 속 그 노래는 다시금 내 마음 문을 열고 들어와 앤디가 레드에게 남겼던 편지 속의 그 말을 속삭인다.

"희망은 좋은 거예요!
아마도 가장 좋을 거예요!
좋은 것은 절대 사라지지 않아요!"

♬ 추천음악을 감상해 보세요!

음악 - W.A.모차르트
제목 - 편지의 이중창
　　　'산들바람은 부드럽게'(Sull'aria)
　　　from 오페라 <피가로의 결혼>
연주 - The English Baroque Solists
　　　지휘 : 존 엘리엇 가디너(John Eliot Gardiner)

추천음악 감상하기

구름 속으로

수년 전 어느 여름날, 반가우면서도 깜짝 놀라운 전화를 한 통 받았다. "형, 미국 나가기 전에 연락드립니다. 오랫동안 늘 품고만 있던 생각을 이제 실행에 옮기려고 합니다. 결정하기까지의 지난 수개월 동안 많은 어려움이 있었습니다. 잘 다니던 직장 그만두고 또다시 공부하러 나간다고 주위에서 난리가 났습니다."

세기가 바뀌면서 지금은 모든 것들이 근본으로부터 변화하고 있다. 지금껏 추구하고 누렸던 수많은 가치가 무너지고 또 새로이 들어서고 있다. 이전의 익숙함이 주는 그 편안함을 거부하고, 지속적인 움직임과 '변화' 속으로 뛰어들어, 그 '모호함' 속에서 새로운 길을 찾고 있다.

다시 보면, 지금의 이러한 변화들은 그리 새롭지만은 않은 것 같다. 19세기에서 20세기로 넘어가던 100년 전, 예술 분야에서도 이와 같은 변화들이 보이고 있었기 때문이다. 당시에 오랫동안 자리 잡고 있던 전통적인 그림들의 특징은 사물을 서로 구분 지어 주는 뚜렷한 윤곽선과 정형적인 틀로 묘사된 안정적 구조였다. 바로 이러한 전통을 거부하면서 새로운 지평을 열었고, 밀레를 비롯하여 고흐, 고갱, 마네,

모네 등으로 대변되는 인상주의 미술이 그것이다.

밀레의 '하루의 끝' (목판화, 1867-1869)

사물이 빛을 받으면 순간순간 그 색채가 변한다. 해 뜰 때와 한낮 그리고 해 질 때의 들판의 색채가 다르고, 호수에 비췬 달빛은 그 물결에 따라 끊임없이 움직인다. 또 날씨가 몹시 흐리거나 안개 자욱한 날이면 모든 사물은 흐리게만 보인다. 어디까지가 물이고 어디까지가 숲인지 그리고 하늘은 어디까지인지 그 경계가 분명치 않다. 바로 그 각각의 순간을 표현하고자 한 것이 인상주의 화가들의 땀과 가치였다.

이러한 움직임에 영향을 받아 일어난 것이 바로 인상주의 음악이다. 그 선봉으로 프랑스 작곡가 끌로드 드뷔시(Claude Debussy, 1862~1918)를 꼽을 수 있다. 그는 당시 음악의 기본적인 틀을 이루고 있는 조성감을 없애기 위해 '21음계'를 고안했다. 그는 전통적 관현악법을 기피하고, 현악기에 대한 기존의 서정적 인식 또한 거부했다. 이러한 자신의 길을 고집스럽게 가기 위해 치러야 할 대가도 만만치 않았을 것이다. 전통에 맞서서 자신의 길을 간다는 게 그런 것 아니겠는가? 그가 파리음악원에 다닐 당시 화성학 수업에서 F학점 받았던 일이 한 예가 될 것이다.

끌로드 드뷔시

드뷔시를 말할 때 가장 먼저 떠오르는 피아노곡은 '베르가마스크 모음곡(Suite Bergamasque)'이다. 그 안의 4곡 중에서도 특히 제3번 '달빛'

(Clair de Lune)이 그렇다. 근래에는 쇼팽 콩쿠르 우승으로 세계적으로 인정받는 피아니스트 조성진이 즐겨 치면서 사람들이 더 자주 찾고 있는 곡이기도 하다.

이 곡의 선율과 화음은 계속해서 어디론가 흘러가는 것 같다. 다다를 수 없는 신비한 세계를 향해 끝없이 흘러가는 것 같다. 이와 같은 맥락에서 영화 <트와일라잇>(Twilight, 2008)의 OST로 이 곡이 사용된 것을 보고 나는 절로 무릎을 '탁' 쳤다. 현실과는 너무나도 동떨어진 판타지 속에서 막 피어나는 인간과 뱀파이어와의 사랑, 그리고 수시로 변하는 박자와 화성으로 자꾸만 어디론가 흘러가는 듯한 피아노 선율 – 이 둘이 너무도 절묘하게 서로 잘 어울린다는 생각에서였다.

익숙한 곳을 떠나서, 낯선 곳 즉 불확실한 미지의 세계를 지나, 마침내 이르게 될 진정한 자신의 세계를 향해 여행하는 꿈을 한 번쯤 꿔보지 않은 사람들이 과연 얼마나 있을까? 하지만 그 길을 나서는 이들은 그리 많지 않은 것 같다. 막상 나서려고 하면, 그때부터 밀려드는 온갖 의심의 장벽들 때문이다. "내가 해낼 수 있을까?" "괜한 짓을 하는 건 아닐까?" 또 주위에서도 가만두질 않는다. "지금 이 정도면 안정적이고 좋은데 뭐 하러 굳이 그러냐?" "된다는 보장도 없지 않냐?

그렇다면 이렇게 반문해 보자. 있던 그 자리에 가만히 있는게 정말로 안정적일까? 아니, 그게 가능이나 한 일일까? 그렇지 않다. 움직이지 않고 있으면 더 힘든 상황에 부닥치게 된다는 게 세상의 이치가 아닌가?

생각해 보라. '안정'이란 변하지 않는 것이다. 움직이지 않는 것이다. 이는 마치 모든 자동차가 제 갈 길을 향해 쌩쌩 달리고 있는 도로 위에서 나 홀로 가만히 서 있는 것과 같다. 생각만 해도 위험천만한 일이다. 세상 모든 것이 끊임없이 변하고 움직이고 있는데 왜 인간만은 움직이지 않으려고 하는가? 그 변화 속으로 들어가 함께 움직이는 것이 훨씬 안정적이지 않은가?

또 '보장'을 원하는가? 부산에서 서울까지 내비게이션을 켜고 운전해보라. 최초 설정된 경로대로 끝까지 가는 일은 좀처럼 드물다. 또 도착 시간을 보장받기도 어렵다. 일단 출발하면 예상치 못한 교통상황으로 인해 경로가 수시로 바뀌게 마련이다. 도착 시간도 마찬가지다. 하지만

<사진 장기윤>

그렇다고 해서 출발 자체를 포기하는 이는 거의 없다. 일단 출발하면 가늠할 수 없는 시간과 길을 한동안 지나, 결국 그곳에 도달하게 된다는 것을 잘 알고 있기 때문이다.

무르익어가는 어느 가을밤, 검푸르고 차가운 하늘에 오늘은 구름이 짙게 깔려 있어 별도 달도 보이지 않는다. 저 멀리 구름 속으로 비행기 한 대가 날아오르는 게 보인다. 그리고 생각해본다.

저 구름 속을 잠시 지나고 나면
더없이 맑고 달빛 별빛 찬란한 하늘을 보겠지!

🎵 **추천음악을 감상해 보세요!**

음악 - 끌로드 드뷔시(Claude Debussy)
제목 - 달빛(Clair de Lune)
연주 - 피아노 조성진

추천음악 감상하기

사랑의 꽃은 눈물을 먹고 피어난다.
외로움과 슬픔에 힘겨운 눈물을 먹고,
즐거움과 흥분의 열기를 식혀주는 눈물을 먹고,
온화한 감동의 눈물을 먹고,
사랑의 꽃은 피어난다.

만약,
외로움과 슬픔에 힘겨운 눈물 없이,
즐거움과 흥분의 열기만 있다면,
그것은 '사랑'이 아니라, '기호'이다.

2장

우아한 걸음(미뉴에트)으로
사랑을 부르는 봄비를 기다리며

고독여행

동상이몽

사랑의 묘약, 눈물

말없이

사랑의 빛

4개의 사랑 이야기

사랑의 빛

우아한 걸음(미뉴에트)으로
사랑을 부르는 봄비를 기다리며

들판 위로 부드럽게 떨어지는 저 빗방울들이 얼마나 정다운지!
숲 위로 높이서 새들이 사랑의 노래를 꽃들에게 들려주네!
...

- 사라 본의 'A Lover's Concerto' 중에서

사라 본(Sara Vaughan)(1965)의 노래로 많이 알려진 'A Lover's Concerto'의 처음 가사 내용이다. 국내에서는 1997년에 개봉된 영화 <접속>으로 그 친근감을 한층 더하기도 했었다.

원곡은 바흐의 '안나 막달레나 바흐(두 번째 아내)를 위한 클라비어 소곡집' 중 제2권 '안나 막달레나를 위한 노트'에 있는 '미뉴에트 G장조'인데, 일반적으로 그냥 '미뉴에트 G장조'로 얘기되는 곡이다. 한편, 1970년대 한 연구에 의해 밝혀진 바에 따르면, 이 곡은 바흐와 동시대를 살았던 유명 작곡가 크리스티안 페촐트(Christian Petzold, 1677-1733)의 작품이라고 한다. 하지만 대부분의 사람은 여전히 바흐의 곡으로 얘기하고 있다. 고정관념이란! 사람들은 자신이 보고 싶어 하는

것만 보는 경향이 있다며 입버릇처럼 말하던 그 옛날 율리우스 시저가 이를 본다면 또 한 번 깊은 한숨을 내쉬지 않을까!

　클라비어는 건반악기를 통틀어 일컫는 말로, 아직 오늘날의 피아노가 나오기 전이었던 바흐 당시(바로크시대)에 주로 하프시코드 (쳄발로)를 뜻하는 것이었다. 하프시코드 연주를 듣고 있으면, 구름 한 점 없이 맑으면서 아직은 몸을 조금 움츠리게 되는 꽃샘추위의 아침 공기 또는 크리스탈 와인잔의 맑고 투명하며 차가운 듯 부드러운 느낌을 받게 된다.

요한 세바스챤 바흐

　미뉴에트는 '작다'라는 뜻의 프랑스어 'menu'(영어의 mini)에서 유래되어, 우아한 걸음을 일컫는 말로 파생되었으며, 4분의 3박자로 다소 느린 템포의 우아한 리듬을 가진 고전적인 프랑스 춤곡을 말한다.

<나의 사랑 바흐>에서 안나 막달레나는 이렇게 회고했다.

나이가 들면서 제 얼굴에 주름이 생기고 흰 머리카락이 늘어가도 그이는 이런 것을 눈여겨보려 하지 않았습니다. "당신의 머리카락은 예전에는 햇살 같더니 지금은 달빛 같구려! 우리 같은 젊은 연인들에게는 달빛이 더 어울리지!" 라고 말한 적이 한 번 있을 뿐입니다.

<사진 양성원>

소크라테스의 아내에 버금가는 악처를 두었던 하이든이 이 모습을 봤다면 어떤 느낌이었을까? 모르긴 해도 하이든에게 음악이 없었다면, 그는 철학자가 되지 않았을까?

겨울이 서서히 물러나는 즈음에는, 흙내음 가득 품고 차분하고 촉촉하게 봄비 내리는 어느 날, 손님도 별로 없어 조용한 커피숍에 앉아 갓 볶은 콩을 갈아 막 내린 커피 한잔 입에 살짝 대고 그 향을 만끽하며, 창밖에 떨어지는 빗방울을 바라보고만 있어도 참 좋을 것이다. 그렇게 잠시 있다 보면, "하나님이 나에게 허락하신 유일한 사치"라며 <커피 칸타타>까지 쓸 정도로 지독한 커피 마니아였던 바흐가 아내를 무릎 위에 앉혀두고 쳄발로로 연주해 주던 'A Lover's Concerto'가 들려올 것만도 같다.

우아한 걸음(미뉴에트)으로 사랑을 부르는 봄비를 기다리며…

♬ 추천음악을 감상해 보세요!

음악 - J. S. 바흐(Johann Sebastian Bach)

♪ 감상 1
제목 – 미뉴엣 G 장조(Menuet in G Major BWV Anh 114)
연주 – 하프시코드

♪ 감상 2 (팝송)
제목 – A Lover's Concerto
가수 – 사라 본(Sara Vaughan)

추천음악 감상하기

고독 여행

1998년 데뷔하여 국내 "가요계 역사상 보이그룹 중에 가장 정규 앨범을 많이 발표한" 이유로, 그룹 신화는 아이돌 그룹에 대해 그리 익숙지 않은 내게도 친근감 있게 다가온다. 특히 차이콥스키의 <백조의 호수> 중 '정경'을 샘플링한 곡 'T.O.P.'가 그렇다.

'정경'은 <백조의 호수> 전체를 통일시켜주는 주제 역할을 하는 선율이다. 그 중심에는 오보에 선율이 서정적이면서도 더없이 애절하다 싶더니, 이내 드넓은 시베리아 벌판을 연상케 하는 전체 관현악기들의 장중함이 이어 나오면서 차이콥스키 음악임을 재확인 시켜준다.

오보에는 다른 악기들과 음색이 잘 섞이지 않아 외로우면서도, 그 자체 음정 변화가 가장 낮아 안정적이며, 전체 소리를 뚫고 멀리 뻗어 나갈 정도로 강렬하다. 이런 이유로 오케스트라 연주에서 전체 악기 튜닝을 오보에에 맞추곤 한다. 사실 오보에는 '넬라 판타지아'(Nella Fantasia) 의 원곡인 영화 <미션>의 OST '가브리엘의 오보에'를 통해서 이미 일반에 친숙해져 있는 악기이기도 하다. 고독, 슬픔 그리고 애절함 속에서 더욱 평화롭고 강인함을 느낄 수 있다는 게 오보에가 가진 특유의 매력인 것 같다.

오보에 소리의 도움을 받아 잠시 생각에 잠겨본다. 도시의 화려함과 분주함 속에서 개인은 더욱 고독해져만 가고, 고독을 피하려 혹은 참지 못해 그 도심을 다시 찾는 순환 속에서 삶의 길을 잃어버리곤 하는 현대인들의 모습을 생각해 본다. 그 가운데서도 이에 멈추지 않고, 그 길을 다시 찾기 위해 무던히도 노력하는 이들을 종종 만날 수 있다는 게 참 다행이다.

<사진 양성원>

우연히 신문 기사 하나가 눈에 들어왔다. "'혼자'가 좋다, 한국 사회에 부는 '외로움' 열풍"이란 제목이 달려 있었다. '외로움'을 더 이상 "'극복

해야 할 과제'가 아닌 '자연스럽게 받아들여야 할 현상' 으로" 받아들이려는 사회적인 인식 변화로 얘기하고 있었다. 내 입가의 잔잔한 미소를 느낄 수 있었다.

법정스님은 이를 「텅 빈 충만」으로 풀어갔고, 파울로 코엘료의 「아크라 문서」는 고독(solitude)을 "함께 하는 이가 없는 게 아니라, 우리들 영혼이 우리 자신에게 자유로이 말하고, 우리들 삶을 어떻게 살아야 힐지 결정허는 것을 도와주는" 것으로 말해주고 있다.

오보에는 지금, '나'를 만나러 가는 잠시 동안의 고독 여행을 도와줄 좋은 친구로 내 옆에 와있다.

🎵 추천음악을 감상해 보세요!

추천음악 감상하기

♪ 감상 1
음악 - 차이코프스키
　　　(Nikolay Vasilyevich Tchaikovsky)
제목 - 정경(Scene1) from 백조의 호수(Swan Lake)
연주 - Moscow Philharmonic Orchestra
　　　지휘 유리 보트나리(Yuri Botnari)

♪ 감상 2
음악 - 엔니오 모리꼬네(Ennio Morricone)
제목 - 가브리엘의 오보에 from 영화 <미션>
연주 - 오보에 H. C. 골드슈미트(Henrik Chaim Goldschmidt)

동상이몽

　울릉도를 마주하고 있는 동해안 어느 바닷가에 고향 집이 있다. 집을 나와 5분 남짓 걸으면 푸른 바다가 한눈에 펼쳐진다. 해변에 있는 한 커피숍에 들어간 적이 있다. 오랜 도시 생활에서 익숙해진 그 똑같은 브랜드의 커피숍이었다. 건물 인테리어에서부터 종업원 복장, 주고받는 말까지 모두가 똑같았다. 심지어 그 종업원의 억양과 목소리 느낌마저도 도시에서와 그리 다르지 않았다. 같은 잠자리에서도 서로 다른 꿈을 꾸는 것이 우리 본래의 모습일 텐데, 지금 우리는 서로 다른 곳에서조차 같은 꿈을 꾸고 있는 것 같다.

　17-18세기 바로크 시대에 유행했던 '샤콘느'(chaconne)는 3박자의 장중하고 느린 변주곡 형태의 춤곡이다. 이는 신대륙 식민지 시대에 라틴 아메리카에서 스페인으로 흘러들어왔으며, 후에 프랑스에서 '샤콘느'가 되었다고 한다.

　그중에서도 한없는 슬픔을 담고 있는 비탈리(Tommaso Antonio Vitali, 1655-1745)의 '샤콘느'를 빼고 얘기할 수 없을 것이다. 그런데 연주자에 따라 그 슬픔에 대한 꿈은 서로 다른 것 같다.

바로크 시대 바이올린 연주는 비브라토(손가락, 손목, 팔 전체 등을 떨어서 진동을 만들어내는 방법)가 거의 없이 가늘고 정갈한 소리에 트릴(기본음을 짚은 손가락의 옆 손가락을 빠르게 떼었다 붙였다 하면서 연주하는 방법)을 섞은 것이 특징이다.

단순히 이런 특징 하나만으로도 바로크 바이올리니스트 스테파니 드 파이(Stéphanie De Failly)의 '샤콘느'는 그것이 바로크 음악임을 단번에 느끼게 한다. 어느 시골 마을에 있는 오래된 석조 건물의 한 성당이 머릿속에서 그려진다. 오랜 세월이 느껴지지만 여전히 깔끔하게 청소되어있는 곳이다. 단아하고 소박한 그곳에서 홀로 고독에 몰입하여 마음속 깊은 곳의 슬픔을 고요히 달래는 듯하다.

<사진 장기윤>

반면, 현대 바이올린의 굵고 강한 색채로 섬세하면서도 몰아치며 활을 긁어내는 야샤 하이페츠(Jascha Heifetz, 1901~1987)의 연주는 매우 낭만적이다. 먹구름 가득한 어느 날, 세차게 부는 바닷바람에 파도가 높이 일었다가 바위에 부딪혀 천둥처럼 부서지는 동해 바다의 어느 방파제 끝에 홀로 서 있는 모습을 떠올려본다. 그곳에서 자신의 슬픔을 쏟아내는 듯하다.

이 곡은 지금도 여전히 몇 가지 논란들을 지니고 있다. 작곡자가 비탈리라고 하기에는 바로크 시대 당시의 여러 음악과는 너무 다르다는 점이 그중 하나다. 또 가장 대표적인 연주로 꼽히는 하이페츠의 연주는 너무 낭만적이라 원곡과는 상당히 동떨어진 느낌을 준다는 점이 또한 그 논란들 속에 있다.

하지만 그런 논란들은 그 전문가들에게 맡겨두는 것이 좋겠다. 위의 두 연주 중 어느 쪽에 무게를 둘지 미리 고민할 필요도 없다. 단지 그 음악이 말하는 영혼의 소리에 귀를 기울여 각자의 꿈을 꿔보는 것만으로 우리에게는 충분할 것이다. 그리고 그것이 오히려 최선일 것이다.

그 꿈속에서 비탈리의 '샤콘느'에 꼬리표처럼 늘 따라다니는 "지상에서 가장 슬픈 음악"을 만날 수도 있을 것이다. 혹은 뭐라 표현하기 어려운 묘한 감정을 만날 수도, 슬픔 아닌 다른 어떤 아름다움을 만날 수도 있을 것이다.

 무슨 상관이겠는가? 이 음악을 듣는 잠시 동안 자신의 마음속 심연으로 들어가 볼 수만 있다면! 그곳 연못에서 두 손 모아 한 움큼 떠올린 물로 영혼의 갈증에 잠시 목을 축일 수만 있다면!

🎵 추천음악을 감상해 보세요!

음악 - 비탈리(Tommaso Antonio Vitali)
제목 - 샤콘느(Chaconne)

♪ 감상 1
연주 - 바이올린 스테파니 드 파이(Stéphanie De Failly)

♪ 감상 2
연주 - 바이올린 야샤 하이페츠(Jascha Heifetz)

추천음악 감상하기

사랑의 묘약, 눈물

그리 따갑지 않은, 눈부시게 따사로운 햇살 환한 날이 며칠 지난 후 내리는 봄비가 참 좋다. 문명이라는 이름으로 마구 뿌려댄 온갖 악취들이 말끔히 씻겨나가면서 온 세상은 땅이 호흡하는 냄새로 가득 찬다. 한껏 들이마시는 숨 속에 담겨 한가득 내 몸속으로 들어오는 그 흙내음은 내 영혼까지도 고요하고 맑게 해준다.

자클린 뒤 프레(Jacqueline Du Pre, 1945~1987)는 16살 때 이미 '우아한 영국 장미'라는 찬사와 함께 BBC 방송으로부터 지난 300년간 영국이 낳은 기악가들 중 가장 뛰어나다는 평을 받으며 세계적인 명성을 떨치기 시작했던 첼리스트이다. 더욱이 피아니스트 겸 지휘자 다니엘 바렌보임(1942~)과 결혼하며 모두의 부러움을 사기도 했다.

하지만 26살의 한창나이에 희귀한 불치병인 다발성 경화증에 걸려 자신의 분신인 첼로와 이별해야 했고, 남편에게서도 외면당하게 되었다. 그리고 인생에서 가장 눈부시게 활짝 꽃필 나이인 42살의 나이에 비운의 천재로서의 삶을 마쳐야 했다.

쟈클린 뒤 프레

쟈클린과 비슷한 나이의 또 한 사람의 첼리스트가 있다. 국내에서도 패티김의 '가을을 남기고 떠난 사람'을 서양인으로서 한국적인 정서를 너무도 잘 담아냈다고 알려진 독일 출신의 토마스 베르너(Thomas Werner, 1941~)이다.

그는 '뱃노래'(오페라 <호프만의 이야기> 중)로 우리에게 이미 너무도 친숙한 오펜바흐(Jacques Offenbach, 1819~1880)의 미발표곡을 어느 날 우연히 발견했다. 그리고 그는 그녀의 죽음을 애도하며 이에 헌정하는 마음으로 '쟈클린의 눈물'이라는 제목으로 이 곡을 연주하였다고 한다.

연주를 듣고 있으면 애절하게 연주하는 베르너의 모습이 떠오르는 것 같다. 고요함과 엄숙함 가운데서 그는 마치 뺨 위에 흐르는 눈물도 그대로 내버려 둔 채 그녀의 무덤을 물끄러미 바라보며 위로의 말을 건네는 것 같다.

눈물은 외로움과 슬픔에 힘겨웠던 아픔을 씻어 위로해준다. 눈물은 기쁨과 흥분에 들떠있던 열기를 식혀 진정시켜준다. 그래서 울 수 있다는 것은 몸도 마음도 지극히 정상적이고 건강하다는 의미다. 그 건강은 곧 몸도 마음도 유연하다는 의미일 것이다. 그 유연한 마음은 온기로 따뜻하며, 그 속에서 사랑의 꽃이 피어난다. 마치 '그리 따갑지 않은, 눈부시게 따사로운 햇살 환한 날이 며칠 지난 후 내리는 봄비'를 머금고 산과 들에 꽃들이 피어나는 것처럼!

눈물이야말로 가장 좋은 약이고 가장 큰 힘이며, 신(神)이 인간에게 선물한 가장 큰 '사랑의 묘약'이다. 토마스 베르너는 바로 그 눈물로 '쟈클린의 눈물'을 연주한 것 같다. 쟈클린의 영혼도 많은 위로를 받았을 것이다.

♫ 추천음악을 감상해 보세요!

음악 - 오펜바흐(Jacques Offenbach)
제목 - 쟈클린의 눈물(Jacqueline's tears)
연주 - 첼로 베르너 토마스(Werner Thomas)

추천음악 감상하기

말없이 …

 그 어떤 말로도 달랠 수 없는 슬픔에 잔잔히 스며드는 그런 노래가 있다. 그 슬픔 깊은 곳에까지 닿아 포근하게 어루만져주는 그런 노래가 있다. 세상 모든 따듯한 말들을 한가득 품고 있는 것 같지만 그 노래는 아무 말이 없다. 단지 뭐라 설명할 수 없는 위로로 다가올 뿐이다. 굳이 어떤 말이 필요하다면 '사랑의 슬픔'이라 붙은 부제 한 마디만으로 충분하다. 세르게이 라흐마니노프(Sergei Rachmaninov, 1873~1943)의 '보칼리제'(Vocalise; 가사 없이 모음만으로 부르는 성악곡)는 바로 그런 노래다.

 라흐마니노프에게서 특히 눈에 띄는 부분이 있다. 자신은 20세기에 살고 있었지만 그의 음악은 여전히 19세기에 머물러 있었다는 점이다. 좀 더 말하자면, 세기가 바뀌면서 음악계에서도 일어나고 있었던 당시의 거대한 변화와 혁신에 역행하여, 그는 그저 뻔하다고 치부될 수도 있는 지난 세기의 낭만적이고 서정적인 선율에 흠뻑 빠져 있었다. 생각해보면 자신이 그토록 원하던 것이라면 시대에 역행하든, 발을 맞추든, 아니면 앞서가든 무슨 상관이겠는가!

세르게이 라흐마니노프

그는 80여곡 이상의 많은 낭만적인 가곡을 썼는데, 자주 거론되는 곡으로는 러시아 낭만주의 시들을 가사로 한 '소프라노와 테너를 위한 독창곡 14곡'(op.34)이 꼽힌다. 그중에서도 제14번 '보칼리제'가 역시 으뜸으로 여겨진다. 그 아름답고 서정적인 선율은 말이 없음으로 인해 한 차원 높은 영혼의 메시지를 전하는 듯하다. 바로 그 힘이 그 14곡들 가운데 지금까지도 가장 많이 연주되는 이유일 것이다.

어디 우리 입술로부터 나오는 말뿐이겠는가? 귀에 들려오는 온갖 세상 소리에도, 눈에 보이는 온갖 세상 모습에도 또한 그 맥을 같이 하는 부분이 있다.

'합창 교향곡'은 베토벤이 거의 듣지 못하는 상태에서 작곡된 것이다. 소리를 잃어버린 그가 세상에서 가장 아름답고 기쁨에 찬 '환희의 송가'를 작곡했다는 것은 또 하나의 아이러니다. 프랑스의 소설가 로맹 롤랑은 "신이 인간에게 가장 잘못한 일이 있다면 베토벤에게서 귀를 빼앗은 것"이라고 했지만, 반대로 만약 그의 귀가 멀지 않았다면, 들리지 않았기에 들을 수 있었던 천상의 소리, 즉 그 영혼의 메시지를 얻을 수 있었을까?

루트비히 V. 베토벤

굳이 장애가 오히려 삶의 가장 고귀한 선물이었다는 식의 진부한 표현이 아니더라도, 이를 이해해 볼 수 있는 과학적 연구 결과가 하나 있다. 네덜란드 암스테르담 대학의 한 연구팀은 베토벤의 작곡 스타일과 난청 간의 상관관계를 연구한 결과를 '영국 의학저널'(British

Medical Journal)'에 실었다. 즉 베토벤이 앓았던 난청이 그의 독특한 음악 형성에 영향을 미쳤다는 것이다. '9번 교향곡'이 그의 난청이 가져다준 선물임은 더욱 분명해 보인다.

한편, 이탈리아 팝페라 맹인 가수 안드레아 보첼리, 그는 12살에 시력을 잃었음에도 이후 변호사가 되었다. 하지만 그 사회적 출세라는 것도 그의 열정을 채우기엔 여전히 부족했다. 그는 변호사를 그만두고 째즈바에서 일하며 노래하기 시작했다. 그러면서 전설적인 테너 프랑코 코렐리를 찾아가 배우기까지 했다. 그리고 마침내 그는 팝과 오페라를 혼합한 '팝페라' 장르를 만들기에 이르렀다. 그리고 그는 말한다. "내가 시력을 완전히 잃었을 때 두려움과 절망의 눈물을 모두 쏟아 내는 데 필요한 시간은 꼭 한 시간이었다. 나는 눈물을 비워낸 그 자리에 내 영혼을 담을 수 있었다."

우리 젊은 날에는 가까이에 있는 모든 것들이 선명하게 잘 보인다. 그래서 우리는 보이는 대로 쫓아다니며 자빠지기를 반복한다. 그러다 인생의 어느 순간부터는 가까이 있는 사물들이 흐리게 보여 좀 멀리 떨어뜨리기 시작한다. 이제는 보이는 대로 쫓다 헛걸음질하기보단, 어느 정도 거리를 두고 마음으로 세상을 바라보라는 신의 뜻이 아닐까? 그만큼 살아봤으면 이젠 눈에 보이는 세상의 아름다움에 감탄하기보단 마음으로 느껴지는 아름다움에 감동하라는 신의 바람이 아닐까?

우리 젊은 날에는 가까이서 나는 소리가 깨끗하게 잘 들린다. 그래서 우리는 들리는 대로 쫓아다니며 자빠지기를 반복한다. 그러다 인생의 어느 순간부터는 그 소리가 희미해지기 시작한다. 이제는 들리는 대로 쫓다 일희일비하기보단 가려서 듣고 마음으로 그 모든 소리를 헤아려 보라는 신의 뜻이 아닐까? 그만큼 살아봤으면 이젠 귀에 들려오는 세상 소리에 솔깃하기보단 마음속으로 전해오는 영혼의 울림을 느껴보라는 신의 바람이 아닐까?

예전에 공자가 하늘의 뜻을 밝히 알게 되고, 듣는 대로 순리에 따라 이해할 수 있게 되었다는 의미로 '지천명'(知天命), '이순'(耳順)을 말했던 것 또한 이를 일컬은 게 아니었을까?

<사진 양성원>

사실, 그 모든 영혼의 메시지들은 온 세상 곳곳에 널려있다. 그런데도 그 소리를 듣지 못하는 것은 우리가 세상에만 마음을 두고 귀를 기울인 때문일 것이다. 그러니 세상 소리를 모두 걷어내고 나면 진짜 소리가 들리지 않겠는가!

나는 문득 집을 나와 개천을 따라 난 산책로를 30여 분 걸었다. 한강이다! 갑작스러운 추위에 그토록 북적이던 사람들 발걸음도 뚝 끊겼다. 마른 물풀들 사이로 문지르듯 쓱쓱 스치는 바람 소리, 강가 바위틈 사이로 노닐 듯 찰랑거리는 물소리가 유난히도 크게 들린다. 세상 소리 모두 걷히고 난 후에야 비로소 진짜 소리가 들린다. 그 속에 섞여 함께 흘러온, 누군가 말없이 흥얼거리는 소리가 들리는 듯하다. 슬픔인 듯, 사랑인 듯! 천년 세월의 흐름을 따라, 저 강물의 흐름을 따라, 지금 이곳까지 흘러온 듯! 보칼리제?

♬ 추천음악을 감상해 보세요!

음악 - 라흐마니노프(Sergei Rachmaninov)
제목 - 보칼리제(Vocalise)
연주 - 소프라노 안나 모포(Anna Moffo)

추천음악 감상하기

사랑의 빛

영화 <샤인>(1996)에서 노(老)스승은 데이빗에게 이렇게 말했다.

> 정확한 음정을 손에 익힌 다음 머릿속에서 악보를 지워버리게. 여기서 나오는 거야, 가슴! 피아노를 사랑하도록 하게. 피아노를 길들여, 안 그러면 피아노는 괴물로 변해버리지. 길들이지 않으면 피아노가 오히려 자네를 리드하게 돼.
>
> - 영화 <샤인>중에서

여기서 우리가 길들여야 할 피아노는 다름 아닌 우리 자신일 것이다. 우리는 우리 자신에 대해 먼저 정확히 배우고 익혀야 한다. 그런 다음에는 다시, 충분히 익힌 우리 자신에 대한 모든 것들을 머릿속에서 지워버려야 한다. 그리고 나면 우리 삶은 아름다운 음악이 되어 가슴으로부터 나오게 될 것이다. 그렇게, 우리는 우리 자신을 사랑해야 한다. 그 사랑으로 우리 자신을 충분히 익히고 훈련해 우리 자신의 생각대로 살 수 있도록 길들여야 한다. 이제 우리의 삶은 사랑의 밝은 빛이 되어 세상을 환히 밝히게 될 것이다.

하지만, 그렇게 길들이지 않으면 우리는 스스로 생각하는 대로 움직이지 않는 괴물로 변하게 되고, 그 괴물은 우리가 원치 않는 이곳저곳으로 우리를 끌고 다니며 방황하게 할 것이다. 그리고 우리는 단순히 "세상에 뜻대로 되는 일이 얼마나 있겠어?"라는 말로 치부해버리고, 그냥 그렇게 또 살아가게 될 것이다. 생각해 보면 정말로 그런 때가 얼마나 많은가? 생각한 대로 살지 않으면 사는 대로 생각하게 된다고 한 그 누군가는 우리의 이런 모습을 보고 말한 것 같다.

영화를 통해서 알려진 데이빗의 삶은 평생 그를 따라다니며 불행에 빠뜨렸던 비운들의 연속이었다. 그럼에도 그 모든 불행은 그가 가졌던 피아노에 대한 사랑을 앗아가진 못했다. 그리고 결국 그가 그토록 충분히 배우고 익힌 후 가슴으로 연주했던 음악은 세상 사람들을 놀라게 했고, 그를 향한 마음을 움직이게 했으며, 그럼으로써 그를 향한 사랑의 빛을 비추게 했다. 이에 더하여 헬프갓(David Helpgod)이라는 그의 이름이 신의 도움을 간절히 부르는 주문이 되어 결국 통했던 것도 같다.

그는 이웃들의 빗발치는 항의로 더 이상 방안에서 피아노를 칠 수 없게 되었다. 그 상황을 견딜 수 없이 괴로워하며 피아노 앞에 한동안 우두커니 앉아 있다가, 문득 무슨 생각이 들었는지, 악보를 챙겨 들고는 곧바로 인근에 피아노가 있는 한 레스토랑으로 향했다. 그가 식당에 들어가자 그 안은 이내 그 불청객을 향한 술렁임과 빈정거림으로 어수선해졌다. 하지만 그는 그 분위기에 아랑곳하지 않고 곧장 피아노 앞으로 가서 앉았다. 그때 다른 사람들과는 달리 뚜렷이 드러나지 않는 온화함으로 데이빗을 대해준 여종업원 실비아가 있었다. 하나의 작은 도움의 손길이요 사랑의 빛(shine)이다.

피아노 연주가 시작되자마자 좀 전의 그 어수선하던 분위기는 순식간에 온데간데없이 사라져 버리고 멋쩍음, 놀라움, 감탄, 감동만이 가득 메우고 있었다. 그가 연주한 '왕벌의 비행'은 원래 림스키 코르사코프의 오페라 <술탄 황제의 이야기(The Tale of Tsar Saltan)> 제2막 제1장에서 바다를 건너 날아온 호박벌 떼가 백조의 주위를 날며 공격하는 모습을 묘사한 것이다. 하지만 데이빗이 연주하는 동안은 마치 벌들이 쏘아대는 것처럼 자신을 감싸고 있던 비운들을 향해

쏘아, 일순간 모조리 털어내는 듯했다. 그의 얼굴에는 흥분과 희열로 빛을 발하기 시작했다.

또 약혼자가 있었음에도 결국 도움이 절실히 필요해 보이는 데이빗을 선택한 점성술가 길리언을 비롯해서, 어린 데이빗의 천재성을 알아보고 더 나은 길로 안내해 주려고 무던히도 노력했던 피아노 선생님, 최선을 다해 그를 가르쳤던 노(老)교수, 요양병원에 있는 그를 집으로 데려가 돌봐줬던 오르간 연주하던 중년부인 등이 있었다. 이 모두가 사랑의 빛들이었으며 그 빛들이 모여 마침내 데이빗의 삶을 세상에 비취게 해주었다.

'삶'과 '사람' 그리고 '사랑'이라는 우리말은 원래 한 뿌리에서 유래되었다고 얘기들은 적이 있다. 사람이 산다는 것은 사랑으로 산다는 것을 의미한다고 옛사람들은 생각했던 것 같다. 톨스토이는 자신의 책에서 '사람은 무엇으로 사는가?' 라는 질문을 던지고 '사랑'이라 답했다. 한자어 '사람 인(人)'은 두 사람이 서로 기대있는 형상이라고 하는데, 이 또한 '사랑'을 의미하는 게 아니면 무엇일까!

　사랑의 빛은 변함없이 항상 우리 주변에 머물러 있다. 하지만 우리는 잘 알아차리지 못하는 때가 많다. 그래도 그 빛은 개의치 않는다. 다만 오늘도 여전히 힘겨운 삶 속에서 우리가 다시 한번 힘을 낼 수 있도록 묵묵히 그 빛을 비춰주고 있을 뿐이다.

영화 후반에 세상엔 참 평화 없다며 피안의 세계를 갈망하는 비발디의 곡 '세상엔 참 평화 없어라'가 흘러나올 때는 그 평화로운 세계가 길리언의 사랑의 빛(shine)으로 환하게 이 세상에 내려오는 듯했다.

♬ 추천음악을 감상해 보세요!

♪ 감상 1
음악 - 림스키 코르사코프
    (Nikolay A. Rimsky-Korsakov)
제목 - 왕벌의 비행
    from 오페라<술탄 황제의 이야기>
    from 영화<샤인>(Shine)

추천음악 감상하기

♪ 감상 2
음악 - 비발디(Antonio Vivaldi)
제목 - 세상엔 참 평화 없어라(Nulla in Mundo Pax Sincera)
연주 - 소프라노 엠마 커크비(Emma Kirkby)

4개의 사랑 이야기

매년 봄이면 수많은 꽃들이 세상을 온통 수놓는다. 그 수는 헤아릴 수 없고 그 색깔은 화려하기 그지없다. 그리고 우리는 수많은 사랑으로 삶을 온통 수놓는다. 그 수 또한 헤아릴 수 없고 그 색깔 또한 화려하기 이를 데 없다.

1. 신(神)의 사랑을 노래하다

아이 셋을 둔 아주 가난한 가정이 있었다. 첫째 아이는 시각장애아, 둘째는 청각장애아, 그리고 셋째는 결핵 환자였다. 엄마 또한 결핵 환자에 아버지는 알코올 중독이었다. 이런 가운데서 엄마는 넷째를 또 가졌다. 이 아이를 과연 낳아야 할까 말아야 할까? 그 엄마는 또 아이를 낳았다. 그 아이는 베토벤(L. V. Beethoven, 1770~1827)이었다.

<미국 낙태방지협회>의 광고 중에서

만약 이 선택상황이 나에게 주어졌다면, 나는 어떤 선택을 할 수 있었을까?

분명히 역사적 현실 속에 존재했던 한 인물의 탄생 이야기지만, 동시에 세상 모든 사상과 철학으로 무장된 인간의 그 어떤 이성(理性)이나 감성(感性)으로도 이해나 설명이 불가능해 보인다. 그리고 그 이해는 영성(靈性)의 영역으로 옮겨 가서야 비로소 가능할 것 같아 보인다.

루트비히 V. 베토벤

베토벤은 마치 이런 자신의 생명의 뿌리에 담긴 의미를 잘 알고나 있었다는 듯이, 개인적 성격, 음악적 성향 그리고 사랑에 이르기까지 자신의 삶속에 있는 모든 부분에 걸쳐서 그 의미들에 따른 삶을 살았다.

그 당시의 예절에 따르면 당연히 가발을 써야 했지만, 베토벤은 단 한 번도 가발을 쓴 적이 없었다. 오늘날 우리가 볼 수 있는 베토벤의 모든 초상화에서 가발 없이 덥수룩한 머리를 그대로 보이고 있는 것도 그런 이유에서이다. 이처럼 그는 자신이 처해 있는 삶의 현실 속에서는 줄곧 그 어느 쪽에도 속하기를 거부했다. 그 속에 있는 어떤 틀도 받아들이지 않았다. 냉정하고 적대적이었으며, 거칠고 난폭하고 파괴적이었다.

대신 그는 오로지 자신의 영혼 속에서 신의 음성만을 들을 뿐이었다. 그리고 그 영혼의 소리를 세상 속 현실에서는 말이 아닌 음악으로 표현했다. 따라서 그의 음악은 세상의 그 어떤 예술의 틀 속에 가둬두는 게 불가능한 것이었다. 9번 합창 교향곡에서 오케스트라와 성악을 결합시킨 것도 그랬고, 그의 말년 작품 현악 사중주를 그 어떤 장조나 단조의 틀이 없는, 즉 조성이 없는 음악으로 작곡한 것 또한 그랬다. 자연스러운 결과로 세상의 눈에는 그저 공격적이고 파괴적으로만 보이는 게 당연했을 것이다.

이와 같은 그의 삶은 현실 속에서 여인의 사랑을 열망하는 가운데서도 다르지 않았다. 마음속에서는 간절한 사랑을 끝없이 갈구하고 있었다. 결혼을 위해 여러 번 노력도 했던 것을 볼 수 있다. 하지만 현실 속에서의 사랑은 그의 몫이 아니었다.

25살의 혈기왕성한 젊은 청년 베토벤이 당시의 유명시인 프리드리히 폰 마티손의 시 '아델라이데'(Adelaide)를 처음 만났을 때 느낌은 '영혼의 즐거움'이었다고 한다. 다정스러움이나 사랑스러움 등의 낭만적인 느낌이 아니었다는 의미로 볼 수 있는 부분이다. 이렇게 보니 왠지 모르게, 그에게 있어서 사랑이란 이 세상에서 얻을 수 있는 게 아닐 것 같다는 뉘앙스가 풍겨진다. '아델라이데' 가사의 마지막 부분을 음미해 보면 그 뉘앙스는 더욱 짙어진다. 자신이 죽은 후 묻힌 무덤 위에서 자신의 심장이 타다 남은 재를 먹고서라도 그 야생화가 피어나길 갈망했던 것 말이다.

> 보랏빛 야생화 '아델라이데'는
> 알프스의 눈 속에서 봄을 부르며
> 5월의 들판을 수놓네.
> 그 야생화처럼 눈덮힌 겨울과도 같은 내 마음에
> 봄을 부르며 수놓을 사랑하는 여인을 갈망하네.
> (살아서가 아니라면,)
> 내가 죽은 후라면,
> 내 심장이 타다 남은 재를 먹고,
> 그 무덤 위에서 그 야생화가 피어나길 갈망하네.
>
> — 베토벤의 가곡 '아델라이데' 중에서

"불멸의 여인"에 대한 수수께끼만 남겨둔 채, 결국 그는 살아있는 동안에는 그토록 갈망하던 사랑을 얻지 못했다. 대신 그는 신(神)의 사랑을 만남으로 마음과 영혼의 평화를 얻은 것 같다. 그가 청력을 잃은 후 생을 마감하기까지 쓴 몇 곡 중 하나가 '현악 사중주 15번'이다. 영화 <카핑 베토벤>에서 그는 3악장을 두고 이렇게 말한다.

> 감사의 찬송가야. 이 곡을 마시도록 신께서 날 살려두셨으니 말이야…
> (곡의 도입부에서) 희미하게 나오기 시작한 한 사람의 목소리는 점점 박차고 올라 신께 애원하고 호소하며 힘겨운 싸움을 해. 이에 신께서 대답하셔. 구름이 열리고, 사랑의 손이 내려와서 그를 들어 올려 … 평화롭고 마침내 자유로워지는 거야.
>
> — 영화 <카핑 베토벤> 중에서

♫ 추천음악을 감상해 보세요!

루트비히 베토벤(L. V. Beethoven) - 음악

♪ 감상 1
아델라이데(Adelaide) - 제목
테너 프리츠 분더리히(Fritz Wunderlich) - 연주

♪ 감상 2
현악 사중주 15번 3악장 - 제목
<카핑베토벤> 중에서 - 영화

추천음악 감상하기

2. 백조의 노래를 하다

평소에 그토록 존경하던 마음을 가슴에 한껏 품고, 마침내 30살의 청년은 베토벤을 찾아갔다. 베토벤은 청년에게 말했다. "자네를 조금만 더 일찍 만났으면 좋았을 것을… 내 명은 이제 다 되었네. ㅇㅇㅇㅇ, 자네는 분명 세상에 빛날 수 있는 훌륭한 음악가가 될 것이네. 그러니 부디 용기를 잃지 말게…" 그리고 일주일 후 베토벤은 세상을 떠났다.

베토벤이 그토록 안타까워하며 칭찬했던 청년이지만, 볼품없는 외모에 150cm 조금 넘는 키에다 소심하기 짝이 없는 '너드 룩'(nerd look)의 소유자를 떠올리면 그 호기심은 반감할 지도 모른다. 하지만 섣부른 판단은 금물이다. 왜냐 하면 지금 다름 아닌 '가곡의 왕' 슈베르트(Franz Schubert, 1797-1828)를 말하고 있기 때문이다.

슈베르트는 짧은 생애 동안 단 한 번도 원하는 사랑을 얻지 못했다. 여성들에게 별로 호감을 사지 못했던 외모에 더해 소심하고 내성적이었던 성격이 더욱 이런 상황을 부추겼던 것 같다. 그랬으니 그의 사랑에 대한 갈망이 마음속에 얼마나 사무쳤겠고, 그래서 얼마나 더 아팠을까? 바로 그토록 슬프고 아팠던 마음을 가득 실어 부른 노래이기에 얼마나 더 아름다웠을까? 슈베르트의 그 마음을 염두에 두고 들어본다면, 그가 생의 마지막 해에 작곡한 14곡을 정리한 유작집 <백조의 노래>는 더욱 가슴 시리도록 아름다운 노래로 다가올 것이다.

　슈베르트의 머릿속에서는 잠시도 쉴 새 없이 멜로디가 흘러 나왔다고 한다. 31살의 짧은 생애 동안 690여곡의 가곡을 비롯한 수많은 곡들을 지어낸 것을 보면 충분히 짐작하고도 남음이 있다.

　그 날도 마찬가지였다. 슈베르트는 길을 가다가 한 카페 안에 친구가 있는 것을 보고 일행들과 함께 안으로 들어갔다. 친구가 보던 책을 가져다 잠시 보던 그는 문득 외쳤다. "아름다운 멜로디가 떠올랐어. 5선지가 있으면 좋겠는데!" 그때 한 친구가 버려진 계산서를 갖다 주었고, 그는 그 계산서를 뒤집어 5선을 긋고 곡을 쓰기 시작했다. <백조의 노래> 가운데 제4곡 '세레나데'(Ständchen, 1826)는 이렇게 세상에 나와 숨쉬기 시작했다. 이 곡을 쓴 후, 그는 그 아름다움에 스스로 감탄하고 그 감격에 복받쳐 얼마나 기뻐했을까?

이 곡이 쓰여진 후 얼마 되지 않아 <겨울나그네>가 완성되었고, 연주되었다. 이를 듣고, 그의 친구들은 슈베르트의 인생에 벌써 겨울이 찾아온 것 같다고 말하며 힘겨워했다고 한다. 슈베르트 자신도 역시 그 아름다운 세레나데를 쓰면서, 동시에 자신의 겨울이 오고 있음을 직감하고 있었던 게 아닐까 하는 생각이 떠나질 않는다. 백조는 죽기 직전에야 비로소 가장 아름다운 소리를 낸다고 하는데, 슈베르트도 스스로 그 백조가 되어 생의 마지막을 앞에 두고 그토록 가슴시리도록 아름답고 애절한 노래를 했던 게 아닐까?

이 가슴 설레임을 노래에 실어
밤의 침묵을 헤치고 그대에게 전해지기를!
사랑하는 사람아, 나와 함께 해주오…
나이팅게일은 달콤한 소리로
나를 위해 사랑을 애원하고 있소.
내 마음을 들어주오!
나는 떨며 그대 향해 기다리고 있소!
와서 나를 행복하게 해 주오!

- 슈베르트의 가곡 '세레나데' 중에서

프란츠 슈베르트

　슈베르트가 베토벤을 만나고 돌아온 지 일주일 후, 베토벤은 세상을 떠났다(1827). 슈베르트는 너무나도 슬퍼했다. 장례식 행렬에 참석하고, 그날 밤 그는 선술집에 들어가, 먼저 그토록 마음으로 존경했던 거장의 명복을 빌며 건배했다. 다음으로는 그 뒤를 따를 자를 위해 건배했다. 그리고 그 두 번째 건배는 바로 자신을 위한 것이 되고 말았다.

그는 그 이듬해에 마지막으로 세상에서 가장 아름다운 노래들을 몇 곡 남겨둔 채[1], "내가 죽거든 베토벤 옆에 묻어 달라"는 말로 31년의 생을 뒤로 하고, 그토록 힘겨워 했던 자신의 겨울여행[2]을 마쳤다(1828). 마치 겨울바람이 세차게 몰아치다가 잠시 멈추자 보리수 나뭇잎 하나가 뚝 떨어지는 것처럼[3]! 그리고는 평소에 그리도 존경하던 베토벤의 무덤 옆에 나란히 묻혔다.

---

1) 이 곡들을 모아서 펴낸 것이 유작집 <백조의 노래>이다.
2) 슈베르트의 대표적인 연가곡 <겨울나그네>(Winterreise)에서 제목 '겨울나그네'는 원래 '겨울 여행(여정)' (Winter Journey)이 잘못 번역된 것이라는 점을 참고해서 이해하기 바란다.
3) <겨울나그네> 중 제5곡 '보리수'의 전주에서 이런 느낌을 받게 된다.

♫ 추천음악을 감상해 보세요!

음악 - 프란츠 슈베르트(Franz Schubert)
제목 - 세레나데(Ständchen)
연주 - 테너 프리츠 분더리히(Fritz Wunderlich)

추천음악 감상하기

3. 처절하고 애절한 사랑

슈베르트가 세상을 떠난 지 10년이 지난 어느 날, 슈만(Robert Schumann, 1810~1856)은 슈베르트를 참배하러 갔다. 돌아오던 길에 우연히 슈베르트의 형인 페르디난트의 집에 들렀는데, 그곳에서 슈베르트의 유품을 구경하던 중 슈베르트의 제9번 교향곡 <그레이트> 악보를 발견했다. 슈만은 슈베르트의 형의 승낙을 얻어 악보를 멘델스존에게 보냈고, 그 이듬해인 1839년 3월 멘델스존의 지휘로 그 곡의 초연이 이루어졌다.

로버트 슈만

슈만이 마음속에 품고 있던 슈베르트에 대한 깊은 존경심은 남달랐다. 슈베르트의 뒤를 이어 예술가곡(Kunstlied, 쿤스트리트)[4]의 경지를 한층 더 심화시켰다[5]는 사실이 이를 잘 설명해준다. 그 결과물로 슈만은 250여 편의 가곡을 작곡하였다. 이처럼 슈만은 음악에 있어서는 슈베르트의 맥을 잇고 있었지만, 그의 사랑은 슈베르트의 것과 완전히 달랐다.

슈만은 스승의 딸 클라라와 열렬한 사랑에 빠졌다. 하지만 스승의 엄청난 반대에 부딪혔다. 그럼에도 그는 2년간의 소송 끝에 사랑을 얻을 수 있었다. 처절한 열정으로 얻어낸 사랑이었다. 너무도 소심하고 내성적이었던 탓에 사랑 고백 한 번 제대로 못해본 슈베르트와는 상당히 대조적이고, 차원이 다르다.

바로 이때 작곡된 곡이 바로 슈만의 가곡들 중에서도 단연 최고라 불리는 <시인의 사랑>(Dichterliebe)이다. 그의 '노래의 해'라고도 불리는 1840년이었다. 너무도 힘겨운 시간을 보낸 뒤 마침내 자신의 사랑을 얻게 되었으니, 그의 입에서 하인리히 하이네(Heinrich Heine, 1797~1856)의 이 시(詩)가 절로 노래되어 흘러나왔음은 당연한 일이었을 것이다.

---

[4] 이전까지의 가곡의 피아노 반주 부분은 단순히 노래를 보조하는 역할에 그쳤다. 여기서 슈베르트는 피아노 반주 부분의 단순함을 노랫말이 갖는 시적 표현에 적극적으로 개입시켰다. 그 결과 독일가곡(Lied, 리트)은 예술가곡(Kunstlied, 쿤스트리트)으로 그 품격이 오르게 되었다.
[5] 슈만은 바로 이 전통을 이어받아 피아노 반주를 더욱 더 비중 있게 입혀, 슈베르트가 예술가곡으로 승화시킨 독일 예술가곡을 한층 더 심화시켰다.

제1곡 눈부시게 아름다운 5월에 꽃봉오리들이 모두 피어날 때
　　　나의 마음속에도 사랑의 꽃이 피어나네.
제2곡 나의 눈물에서 수많은 향기로운 꽃이 피어나고
　　　내가 내뱉은 한숨은 나이팅게일들의 합창이 되리라.
제3곡 예전엔 장미, 백합, 비둘기, 태양을 사랑했지만
　　　지금은 사랑스럽고, 아름답고, 깨끗한 단 한 사람을 사랑하네.
제4곡 그대의 눈동자 바라보노라면 번뇌도 고통도 다 사라지고
　　　그대에게 입맞춤을 하면 마음이 맑아지네.

　　　　　　　　　　　　　- 슈만의 연가곡 <시인의 사랑>[6] 중에서

특히 제1곡은 피아노 반주 부분만 들어보더라도, 한껏 부푼 꽃봉우리들이 이른 아침이슬 촉촉이 머금고 금방이라도 톡톡 터져 나올 것 같다. 막 떠오르는 햇살 받은 그 아침이슬은 눈이 부시도록 반짝인다. 내 마음은 이미 잘 정돈된 화단들로 둘러진 어느 정원을 걷고 있다. 고즈넉한 그 한 가운데를 홀로 거닐며, 아픔의 눈물 머금었던 내 마음속 사랑의 꽃 봉우리들이 마침내 활짝 피어날 것만 같은 느낌으로 가득 차있다.

---

6) <시인의 사랑>(총16곡)은 사랑의 시작(1곡-6곡), 실연의 아픔(7곡-14곡), 지나간 청춘에 대한 허망함과 실연의 고통(15,16곡)을 노래한다(총 연주시간 약30분).

슈만의 이러한 행복은 언제까지고 계속 될 것만 같았다. 하지만 그가 지니고 있던 아킬레스건은 그것을 허락해주지 않았다. 그래서 슈만은 이전에 처절한 열정으로 얻어낸 사랑을 이번에는 애절하게 지켜내야 했다. "그러니까 예술가지!"라는 가벼운 말을 던지기엔 그 무게감은 너무도 무겁게 다가온다.

슈만에게는 한 때는 부드럽고 온화했다가, 다른 때는 신랄하고 폭력적인 이중적 성격이 있었다. 말하자면, 인간의 내면에 존재하는 두 자아 '지킬 박사와 하이드', 즉 선과 악으로 상징되는 두 자아의 상반된 대립을 극명하게 겪고 있었던 것이다.

증상은 시간이 갈수록 점점 더 심해져서, 슈만은 때로는 감미로운 음악으로, 때로는 죽이겠다는 위협으로 환청을 듣기도 했다. 또 때로는 천사의 모습이, 때로는 악마의 모습이 환상으로 보이기도 했다. 급기야는 자신이 사랑하는 아내 클라라를 해칠지도 모르겠다는 두려움까지 느끼기에 이르렀다. 결국 클라라에게 자신을 정신병원으로 보내달라고 부탁했다.

바로 이 부분에서 슈만의 클라라에 대한 사랑을 느껴볼 수 있다. 점점 심해져가는 우울증 속에서도 사랑하는 아내를 지켜내야겠다는 마음만은 절대로 놓치지 않고자 했던 애절한 노력이 그것이다. 슈만의 사랑은 그런 사랑이었다. 자신이 미쳐서 더 이상 스스로 통제할 수 없게 되고, 이 세상에 존재할 수도 없을지라도, 사랑하는 사람만큼은 꼭 지켜내고자 했던...

슈만은 자신의 사랑과 가족을 지켜주기 위한 애절함으로 스스로 이별을 택하고 정신병원으로 향했다. 그리고 그곳에서 2년 후 46세의 일기로 세상과도 이별했다(1856).

♬ 추천음악을 감상해 보세요!

슈만(Robert Schumann) - 음악
시인의 사랑(Dichterliebe) - 제목
테너 프리츠 분더리히(Fritz Wunderlich) - 연주

4. 소유할 수 없는 오직 한 여인을 그저 바라본 사랑

존경하는 스승 슈만의 사망 소식을 들은 그의 제자 브람스(Johannes Brahms, 1833-1897)는 단숨에 달려왔다. 그리고 아직 어린 6명의 자녀들과 함께 미망인으로 남게 된 스승의 아내 클라라를 평생 동안 돌볼 것을 다짐했다.

요하네스 브람스

슈만은 40살이 되던 해에 20살의 재능 있고 유망한 피아니스트 브람스를 만났다. 너무도 기쁘고 자랑스러워하며 그를 한동안 자신의 집에 머무르게까지 했다. 그리고 아내 클라라와 함께 열정적으로 그 청년을 보살피며 가르쳤다.

앞서 얘기했듯이, 슈만은 슈베르트의 독일 예술가곡(kunstlied,

쿤스트리트)을 한층 더 심화시켜두고 있었다. 또 이 같은 슈만의 슈베르트에 대한 존경심 속에는 슈베르트의 베토벤을 향한 무한한 존경심이 뿌리 깊게 자리 잡고 있었다.

클라라 슈만

　브람스는 바로 이러한 배경을 갖고 있는 스승 슈만을 존경하며 그에게서 열심히 배웠다. 따라서 브람스가 낭만주의의 거친 파도가 일고 있는 한 가운데서, 이전 시대인 고전음악에 깊이 뿌리내리고 있었던 것은 이해하기 그리 어렵지 않아 보인다. 브람스의 교향곡 1번이 세상에 나왔을 때 베토벤의 10번 교향곡이 나왔다는 탄성을 자아내게 만들었다는 일화는 역시 우연이 아니었던 것이다. 한편 브람스의 음악은 여기서 멈추지 않는다. 왜냐하면, 그의 삶과 음악은 스승의 아내 클라라와의 얘기가 더해져야 비로소 완성되기 때문이다.

스승 내외를 향한 존경심과 친밀감이 날로 더해가던 중, 어느 순간부터인가 브람스에게는 14살 연상인 스승의 부인을 사모하는 마음이 생겨나기 시작했다. 그리고 그 마음은 스승이 결국 정신병원에서 세상을 떠난 뒤에 한층 더해지기 시작했다. 그렇지만 브람스에게는 가까이 있지만 결코 그 이상 가까이 다가설 수 없는 사랑이었다. 존경, 애틋함, 연민, 절제 등의 온갖 감정들이 혼재된 특별한 사랑이었다. 그렇게, 브람스는 20살에 처음 만난 이후로 결코 소유할 수 없는 한 여인을 마음으로만 사모하며 절제하며, 그 가족을 돌보며, 45년을 보냈다. 그리고 그 힘겨웠던 45년은 자신의 모든 마음속 고통을 음악적인 창작으로 쏟아낸 세월이었다.

이러한 상황을 보고나면 브람스의 음악은 더욱 깊이감 있게 다가온다. 그의 음악은 전반에 걸쳐 외적으로 그리 화려하지 않다. 대신 음악 내적으로는 인간의 내면에 있는 온갖 희로애락을 매우 격정적으로 표현하고 있다. 이를 바탕으로, 브람스가 클라라를 향한 사모하는 마음을 애써 억누르며 곱씹었던 애틋함을 잠시 느껴볼 수 있는 가곡이 하나 있다.

'5월의 밤'(Die Mainacht)!
역시 외면은 그리 화려하지 않다. 하지만 그 내면에는 살짝 몽환적인 우울감이 음악을 듣고 있는 이를 깊이 모를 심연 속으로 끌고 내려가는 것 같은 느낌이 배어있다.

평생 동안 소유할 수 없는 한 여인만을 사랑했기에 슬프고 외로웠지만 그래서 아름다웠던 브람스의 사랑! 고요한 슬픔 속에 스며있는 아름다움! 그 마음속에 흐르던 그 아름다운 사랑의 슬픔을 더욱 공감할 수 있다.

> 5월의 은은한 달빛 비치는 밤에,
> 밤꾀꼬리 지저귀는 숲속을
> 홀로 이리저리 방황한다.
> 정겨워 보이는 한 쌍의 비둘기 모습을
> 보기가 힘들어 뒤로 하고,
> 더욱 어두운 곳을 찾아간다.
> 외로이 눈물 흘린다.
> 미소 짓는 그 모습은 내 영혼을 비추는데,
> 난 언제나 당신을 찾을 수 있을까?
> 외로운 눈물은 더욱 뜨겁게
> 뺨 위로 전율하며 흐른다.
>
> — 브람스의 가곡 '5월의 밤' 중에서

문득 영화 '슬픔보다 더 슬픈 이야기'에서 가수 이승철이 불렀던 그 노래가 머릿속에서 겹쳐진다. 그 노래를 듣는 동안 내 눈가를 적시던 그 눈물 속에서라면, 너무도 아름답도록 슬프고도 외로웠던 브람스의 그 노래가 잘 어우러질 만도 한 것 같다.

...
사랑이란 그 말은 못해도,
먼 곳에서 이렇게 바라만 보아도,
모든 걸 줄 수 있어서 사랑할 수 있어서
난 슬퍼도 행복합니다.
...
아무 것도 바라지 않아도,
그대 웃어준다면 난 행복할텐데.
사랑은 주는 거니까 그저 주는 거니까
난 슬퍼도 행복합니다.

— 가수 이승철의 '그런 사람 또 없습니다.' 중에서

77세의 클라라가 생을 마쳤을 때, "평생 사랑했던 유일한 사람"을 잃었다며 브람스는 그 이듬해에 64세의 일기로 그녀의 뒤를 따랐다(1897).

♪ 추천음악을 감상해 보세요!

음악 – 요하네스 브람스(Johannes Brahms)
제목 – 5월의 밤(Die Mainacht)
연주 – 바리톤 피셔 디스카우
　　　(Dietrich Fischer-Dieskau)

추천음악 감상하기

2장 사랑의 빛 • 95

5. 사랑이란 '왜?'라고 묻지 않는 것

사랑은 받는 게 아니라 주는 거라고들 한다. 그래서 그들은 그 아름다운 사랑 이야기들을 자신들은 누려보지 못하고, 오로지 사랑의 음악에 담아 촉촉한 봄비처럼 지금껏 세상을 적셔주고 있는 것일까? 그래서 지금도 매년 봄이면, 세상에 수많은 꽃들이 아름답게 피어나고 있는 것일까?

베토벤은 이 세상에 살았지만, 이 세상에서는 부도 명예도 사랑도, 그 무엇도 그에게 허락되지 않았다. 단지 영혼에 머물러 있을 때만이 얻을 수 있었던 그 평온함으로 음악을 만들어 세상에 선물할 수 있었다. 그리고 "불멸의 여인"에 대한 애끓는 사랑만을 수수께끼로 남겨둔 채, 신의 사랑을 만나 세상을 떠났다.

너무도 소심하고 내성적이었던 슈베르트는 사랑 고백 한 번 제대로 못해보고, 그 짧았던 삶의 마지막에 가장 아름다운 사랑의 노래 '세레나데'를 부르고 힘겨운 겨울여행을 마쳤다.

슈만은 마침내 그토록 뜨겁고 처절한 열정으로 사랑을 얻었고, "눈부시게 아름다운 5월에 꽃봉오리들이 모두 피어날 때, 나의 마음속에도 사랑의 꽃이 피어난다!"며 기쁨에 찬 노래를 불렀다. 하지만 그 사랑과 가족을 지켜주기 위한 애절함으로 스스로 이별을 택했다. 그리고 곧 세상과도 이별했다.

그리고 브람스! 그는 존경, 애틋함, 연민, 의리, 절제 등이 끝없이 뒤섞인 사랑으로 평생 동안 소유할 수 없는 한 여인만을 그저 바라보기만 했다. 그래서 그리도 힘겨웠을 슬픔과 외로움의 마음을 '5월의 밤'(Die Mainacht)으로 노래하며 조금이나마 달래본 것 같다. 그리고 그녀의 죽음에 곧 뒤따랐다.

어디 이뿐이겠는가? 이런 다소 특별한 사랑까지는 아니라 하더라도, 세상에는 헤아릴 수 없이 많고 다양한 사랑이 있다. 그 크기가 크거나 작기도 하다. 그 외모가 화려하거나 투박하기도 하다. 또 그 맛과 향이 달콤하거나 담백하기도 하다. 하지만 그 뿌리는 하나인 것 같다. '왜?'라고 묻지도 않고, 조건도 없다. 어느 순간 마음 밭에서 그냥 싹이 돋아나 꽃을 피운다.

수백 년의 긴 세월이 지난 지금, 우리는 여전히 이들의 음악을 들으며 너도 나도 감탄의 말들을 아끼지 않는다. 하늘로부터 받은 위대한 탤런트라며, 어떻게 이토록 아름다울 수가 있느냐며! 그런데 정작 그 탤런트의 진정한 수혜자는 그들 자신이 아니었다. 그들의 위대한 창조물 혹은 하늘의 보물창고에서 훔쳐온 장물(贓物)이라고도 표현해볼 수 있는 그 음악들을 향유하고, 입에서 침이 마르도록 감탄의 말을 뱉어낼 수 있는 혜택은 오직 지금껏 살아오고 있는 세상 모든 사람들의 몫이었다.

쉽게 말해서, 그들은 그 아름다운 것들을 세상을 향해 거저 주기만 하고 떠났다. 그것이 그들이 세상에 온 이유였을까? 하늘의 선물을 세상에 전달하는 사신의 임무가 그들의 역할이었을까? 그래서 자신들은 전혀 누리지 못하고, 단지 세상에 거저 주는 기쁨 정도에 만족해야 했던 것일까? 그런데 다시 보면 그렇게 그냥 주는 즐거움이라는 것이 수백 년 동안의 세상 사람들이 누렸던 즐거움보다도 더 컸던 게 아닐까?

지금도 우리는 여전히 사랑을 노래하고 있다. 사랑은 받는 것이 아니라 주는 것이라고! 하지만 그 실상은 많이 다른 것 같다.

무엇이든 소유하고자 하는 데에 모든 초점이 맞춰져 있는 지금이다. 단지 어떤 물건의 소유를 넘어, 심지어는 땅과 물 그리고 공기, 햇빛에

대해서까지도 그 소유권을 주장하고 있다. 본질을 벗어나도 한참 벗어난 것 같다. 이러한 것들에 대한 소유권을 굳이 따지자면 하늘 혹은 자연의 소유라고 해야 옳지 않을까? 그 소유 목록 안에 우리 인간들까지도 포함되어 있다고 해야 옳지 않을까?

이 맥락에서는 사랑 또한 예외가 아니다. 특히 요즘에는 사랑을 위해 이것저것 필요하고 요구되는 게 너무 많다. 그 조건들에 충족되면 사랑으로 받아들여 소유했다가, 거기에 문제가 생기면 그 사랑은 곧 깨지고 만다.

그런데 생각해보라. 원하는 조건들이 충족되어 받아들이겠다고 하는 것은 '계약'이고 '소유'이다. 그것은 '사랑'이 아니라 '기호'이다. 이는 분명 다른 것이다. 기호는 부족하면 버리는 것이지만, 사랑은 부족한 것까지도 감싸 안는 게 아닌가?

진정한 사랑에는 조건이 없다. 지나고 보면 왜 내가 그런 사랑을 받았는지, 왜 내가 그(녀)를 그토록 사랑했는지 알 수 없는 경우가 대부분이다. 사랑은 누군가에게서 그렇게 그냥 받고 또 그렇게 그냥 주는 것이다.

옛 사람들의 그 사랑을 다시 한 번 꺼내볼 만하다. 막스 뮐러(1823~

1900)[7]는 자신의 유일한 소설 「독일인의 사랑」을 통해 사랑은 '왜?'라고 묻지 않는 것이라고 고요히 외친다.

> 왜냐고? 마리아! 어린 아이에게 왜 태어났냐고 물어봐. 들에 핀 꽃에게 왜 피었냐고 물어봐. 태양에게 왜 햇빛을 비추냐고 물어봐. 내가 너를 사랑하는 건 그럴 수밖에 없기 때문이야.
> - 막스 뮐러의 「독일인의 사랑」 중에서

사랑한단 말도 못하고 먼 곳에서 바라만 보아도, 모든 걸 줄 수 있어서 슬퍼도 행복하다는 그 노래는 지금까지도 아주 많은 이들의 사랑을 받고 있다. 그만큼 많은 사람들의 마음속에 그런 아름답고 진실된 사랑의 불꽃이 여전히 살아있다는 반증일 것이다.

그럼에도 나의 이런 생각들을 두고 아직도 어린 아이처럼 그런 순진한 생각을 하고 있냐며 비정상적이라고 하는 이가 있다면, 온갖 그로테스크한 것들로 사랑스러움과 회복의 가능성을 담아낸 팀 버튼(Tim Burton)이 한 마디 도와줄 수 있을 것 같다.

---
7) 슈베르트의 연가곡 '아름다운 물방앗간의 처녀', '겨울 나그네'의 시(詩)를 쓴 독일의 낭만적 서정시인 빌헬름 뮐러의 아들

앨리스 : 내 머리가 이상해진 걸까?

아버지 : 그런 것 같구나. 넌 비정상이야. 확실히 이상해.

하지만, 비밀 하나 알려줄게.

멋진 사람은 다 그래!

- 팀 버튼의 〈이상한 나라의 앨리스〉 중에서

내가 발가벗은 이유는
사람들의 눈에 잘 띄기 위함이고,
앞머리가 많은 이유는
내가 누구인지 사람들이 금방 알지 못하게 하고,
내가 앞에 있을 때
쉽게 잡을 수 있도록 하기 위함이며,
뒷머리가 대머리인 이유는
내가 뒤로 지나가버리면,
다시는 붙잡지 못하도록 하기 위해서이다.
어깨와 발뒤꿈치에 날개가 달린 이유는
최대한 빨리 사라지기 위함이며,
저울을 들고 있는 이유는
기회가 있을 때,
저울을 꺼내 정확히 판단하라는 의미이며,
날카로운 칼을 들고 있는 이유는
칼같이 결단하라는 의미이다.
내 이름은 '기회'(opportunity)다.

- 이태리 토리노 박물관, 카이로스(Kairos) 조각상 아래에서

3장

'느림'이 주는 선물
화려함을 벗고
때로는
쿨다운(Cool Down)
나는 지금 무엇을 기도하고 있는가?
내 이름은 '기회'(opportunity)다!

내 이름은 '기회'(opportunity)다!

'느림'이 주는 선물

"반도체 성능은 2년마다 2배가 된다"라는 무어의 법칙도 이제는 무색해질 정도의 초스피드 시대 한가운데에, 우리는 지금 살고 있다. 그런데 그 초스피드 시대를 현명하게 살아갈 방법으로 오히려 '느림'을 제안하는 한 기사에 시선이 끌렸다.

퓰리처상을 받기도 했던 뉴욕 타임스 칼럼니스트 토머스 프리드먼, 그는 AI를 얘기하면서도 SNS(사회 관계망 서비스)를 전혀 하지 않고, "직접 사람과 만나 정보를 얻는다"고 한다. 또 자신의 책 「늦어줘서

고마워」(Thank You For Being Late)를 두고, "내달리는 세상 속에서 경쟁력을 갖추려면 사색할 시간이 필요하다는 뜻"이라고 그는 한 기자와의 인터뷰에서 말한다.

빛의 속도로 달리는 그 세상 속에서 속도를 잠시 늦추어 만나보는 사색 혹은 고독에 잘 어울릴 만한 곡으로 떠오르는 가요가 하나 있다.

> 긴 하루 지나고 언덕 저편에
> 빨간 석양이 물들어 가면
> 놀던 아이들은 아무 걱정 없이
> 집으로 하나둘씩 돌아가는데
> 나는 왜 여기 서 있나?
> …
>
> - 가수 전인권의 '사랑한 후에' 중에서

그리고 가수 전인권이 부른 이 노래는 비슷한 감성을 느끼게 하는 100년 전의 한 노래를 자연스레 떠올리게 한다. 19세기 말에 태어나 새 천 년을 맞아 살았던 이탈리아 태생의 영국의 가곡 작곡가 프란체스코 파올로 토스티 경(Sir Francesco P. Tosti, 1846~1916)의 '슬픔'(Tristezza)이라는 곡이다.

<사진 장기윤>

보라!
저 멀리 바다 너머로 태양은 사라지고
(저 하늘을) 나는 새들 무리는 대지로 돌아가는데
내 마음속에선 우울함을 느끼네.
하지만, 왜인지 나는 모르네!
…

- 토스티의 가곡 '슬픔' 중에서

이 곡이 전해주는 느낌은 사랑하는 이가 슬픔에 빠져있을 때는 함께 눈물을 흘려줌으로 그 슬픔을 위로해주고, 기뻐할 때는 함께 웃어줌으로 그 기쁨을 더해주는 우리네 보통 정서와 그리 다르지 않은 것 같다. 그래서 그 느린 템포로 깊숙이 깔려있는 슬픔 속에 잠시 들어갔다 나오면, 오히려 어색하리만치 마음은 한결 가볍고 맑아짐을 느끼게 된다. 그리고는 아직도 맴도는 여운에 부드럽게 감싸여 있음을 느낀다.

다소 평평하면서도 맑고 부드러운 느낌으로 인간 내면의 서정적인 감성을 꾸밈없이 끌어내준다. 그래서 그의 음악은 세기가 지난 지금의 우리에게도 어딘가 익숙한 듯한 기분을 나누어주는 데에 별로 낯설지 않아 보인다. 마치 처음에는 별맛 없이 그저 은은하기만 한 듯싶더니, 시간이 지날수록 그 맛과 향이 더욱 풍부해지고, 다 마시고 난 뒤에도 그 여운이 꽤 오랫동안 머물러 있는 좋은 차를 한 잔 음미하는 듯하다. 이처럼, 토스티의 가곡은 오페라 멜로디들이 주는 극적이고 화려한 것들과는 완전히 대조적이다.

19세기 당시 이탈리아에서는 음악이라 하면 오페라를 의미하는 것으로 받아들여질 만큼, 오페라가 당시 음악의 주류를 이루고 있었다. 바꾸어 말하면, 당시에는 음악가든 대중이든 그 어느 쪽에서도 가곡에 관심을 두는 이를 찾아보기가 어려웠다는 의미이다. 그런 가운데서 F.P.토스티가 주류에 연연해하지 않고 가곡 창작에 전념했다는 것은 당시 사람들의 눈에 얼마나 무모하게만 보였을까? 하지만, 바로 그 무모함이 지금까지 그의 노래를 사랑하는 수많은 이들에게 있어서는 얼마나 다행스러운 일인가!

프란체스코 P. 토스티 경

이러한 그의 삶의 모습은 다시금 생각을 가다듬어 보게 한다. 그리고 십수 년 전에 처음 들은 후로 뇌리에서 떠나지 않는 어느 아메리카 원주민들의 황소사냥 이야기를 다시 떠올리게 한다.

'사냥'이라 하면 제일 먼저 떠올릴 수 있는 창, 활과 같은 무기를 그들은 사용하지 않는다. 단지 무리 지어 풀을 뜯는 황소들에게로 불과 10여 명이 말을 몰고 다가가서는 다짜고짜 채찍을 가하며 말을 달리기 시작한다. 그러면 이내 그 주위의 황소들이 따라 뛰기 시작한다. 그리고 곧바로 더 많은 소들이 덩달아 뛰고, 결국 거기 있는 모든 소들이 천둥이 치고 지진이 일어난 듯 무서운 기세로 뛰기 시작한다. 이때 사냥꾼들은 절벽으로 향하여 달린다. 그리고 그 낭떠러지 근처에 갔을 때는 말머리를 재빨리 옆으로 돌린다. 그러면 질주하던 황소무리는 앞서 뛰던 여러 마리가 절벽 아래로 떨어지고 난 다음에야 겨우 멈춘다. 사냥은 이걸로 끝이다. 이제 사냥꾼들은 절벽 아래로 내려가 추락사한 황소들을 실어 갈 뿐이다.

여기서 이 상황을 다시 복기해본다. 그 황소들은 정말 열심히 뛰었다. 그런데 그들은 어디를 향하여 뛰는지는 몰랐다. 단지 옆에서 뛰니까 함께 열심히 뛴 것이다. 왜냐하면 소의 눈은 옆에 붙어있기 때문이다. 정말 열심히 뛰었다!

생각이 여기에 이르는 순간, 척추를 타고 내려가는 섬뜩한 기운이 느껴진다. 왜냐하면, 한 치 앞을 내다보기조차 어려운 급격한 변화로 휘몰아치는 세상의 소용돌이 속으로 너도나도 앞을 다투며 뛰어들었다가, 순식간에 그 소용돌이 속으로 휘말려버리게 되는 지금 우리들의 자화상이 아닌가 하는 생각에서다. 그리고는 의아해진다. 참 이상하지 않은가? 사람은 눈을 앞에 두고 있는데도 왜 옆을 보고 뛰는 걸까?

그것도 그렇게 열심히!

　이제 잠시 물러나 그 속도를 좀 늦춰 본다. 빠르게 보다는 느리게, 디지털보다는 아날로그, 그리고 온라인보다는 오프라인을 생각해 본다. 많은 이들은 전자들을 두고 보다 스마트하다 할 것이다. 물론 21세기 지식의 시대에 아주 적합한 말이다. 하지만 그래서 더욱 놓칠 수 없는, 아니 그 필요성이 더욱 절실한 게 있다. 느림, 아날로그, 오프라인이 선물해주는 삶의 지혜 말이다.

♬ 추천음악을 감상해 보세요!

음악 - 프란체스코 파올로 토스티 경
　　　(Sir Francesco P. Tosti)
제목 - 슬픔(Tristezza)
연주 - 바리톤 레나토 브루손(Renato Bruson)

화려함을 벗고…

예전 커피숍은 주로 사람을 만나 차를 마시며 얘기를 나누는 곳이었다. 하지만, 요즘엔 혼자서 커피 한 잔 옆에 두고 공부를 하거나 책을 읽거나 혹은 회사 일을 하는 이들이 많다. 일명 '혼공족'으로 불리는 이들이다. 일상생활 가운데 비게 되는 여분의 시간이 생길 때면, 나도 근처에 있는 커피숍에서 그들 가운데 있곤 한다.

커피숍이 음악 소리, 사람들 말소리 등의 소음이 늘 깔려있는 공공장소임을 생각해보면, 거기서 집중을 필요로 하는 공부를 하거나 업무를 본다는 게 잘 이해가 안 가는 부분이 있다. 하지만, 그 소음에 대한 전문가의 얘기를 들어보면 왜 그런지 금방 이해된다.

병원, 공공기관, 혹은 학원 같은 건물에 들어가 보면 복도나 로비의 천장 스피커를 통해 잔잔한 음악이 종일 흘러나오는 것을 볼 수 있다. 바로 '백색소음'(white noise)이라 불리는 것이다. 여러 전문가가 실험해본 결과, 그 소음은 스트레스 완화, 집중력과 암기력 향상 등에 큰 도움이 된다고 한다.

에릭 사티(Alfred Eric Leslie Satie, 1866~1925)의 음악이 바로 그렇다. "제 음악은 집중해서 듣는 음악이 아닙니다!"라고 했을 정도로 그는 온갖 화려함을 걷어버리고 오직 간결함만으로 스스로 '백색소음'이 되고자 했다. 그래서 그는 3~4분 정도의 짧은 곡을 있는 듯 없는 듯 1시간, 3시간 혹은 그보다 더 오랫동안 반복연주하게 했다.

에릭 사티

화려한 도시의 시끌벅적한 온갖 소음 속에서의 분주한 일상생활을 잠시 멈추고, '짐노페디 1번'(Gymnopédie No.1)을 1시간짜리로 들어본다. 고요함 가운데 다소 노곤하게 처지는 듯한 피아노 선율이 잠시 나오는 듯하다가, 곧 도시의 화려함, 그 소음, 그 분주함은 그 피아노 선율에 뒤섞여 '백색소음'이 되어 어디론가 사라져버리고 만다. 그리고 내 영혼은 이미 어느 고요한 산속에 가있음을 느낀다.

~~~~~~~~~~ * ~~~~~~~~~~ * ~~~~~~~~~~ * ~~~~~~~~~~

깊은 산속, 등 뒤로 숲을 두고 저 멀리 지평선이라도 보일 것같이 널리 펼쳐진 들판, 그곳 호숫가에 나는 지금 앉아있다. 검푸른 하늘 한가운데 뜬 달은 아직 둥그렇게 차진 않았다. 하지만 인적 없는 산속 호수 잔잔한 물결 위에 그 눈부신 은빛을 반짝이기엔 충분하다.

꽤나 넓은 그 호수 위에는 백조 한 마리가 유유히 미끄러지듯 헤엄친다. 어두운 밤 호수 위 반짝이는 은빛으로 인해서인지, 그 새는 유난히도 희고 아름답게 보인다. 세상에서 떨어져 나와 홀로 이곳에 앉아있는 나의 마음도 저 은빛 물결 잔잔한 호수만큼이나 맑고 고요하다. 그 위를 나의 영혼도 새하얀 백조가 되어 유유히 헤엄친다.

신(神)이 인간을 만들었다면 저 새하얀 백조의 모습과도 같이 만들지 않았을까? 신(神) 자신의 모습이 그러할테니, 그 모습 그대로 만들지 않았을까?

백조는 죽음에 이르러서야 일생의 가장 아름다운 목소리로 노래한다는데, 내 삶 또한 마지막 호흡에 이르러 일생의 가장 아름다운 노래를 불러야 하지 않을까? 신은 인간을 그렇게 만들지 않았을까?

~~~~~~~~~~ * ~~~~~~~~~~ * ~~~~~~~~~~ * ~~~~~~~~~~

사티의 음악 그 어디에서도 클래식 음악의 고상함이나 고급스러움은 찾아보기 어렵다. 그냥 누구나 가볍고 편안하게 들을 수 있는 샹송이다. 따라서 단순히 그 '백색소음'의 도움을 얻어 각자의 느낌대로 한 마리 백조가 되어 영혼의 여행을 즐겨보는 게 최고의 감상일 것이다.

♬ 추천음악을 감상해 보세요!

음악 - 에릭 사티(Alfred Eric Leslie Satie)
제목 - 짐노페디 1번(1시간)
* 약 1분 30초의 곡이 1시간 동안 반복됩니다.
따라서 원하는 만큼만 들으시면 됩니다.

추천음악 감상하기

때로는…

매년 미세먼지 주의에 대한 뉴스가 잦을 때면, 현대를 살아가는 적지 않은 도시인들이 그렇듯이, 나 또한 심해지는 재채기와 콧물로 휴지 사용량이 많아진다. 그러는 동안 자연스레 머릿속에 떠오르는 곳이 있다.

때가 되면 찾아오는 불청객 감기 혹은 알레르기성 비염! 그때면 으레 찾곤 하던 동네 이비인후과 병원이 있다. 그곳에 처음 간 것도 어느새 십수 년이 훌쩍 지났다. 어느 때부터인가 그곳은 단순한 병원 이상의 의미로 내게 다가왔다. 특히 최근 몇 년 전 그날은 더욱 그랬다.

~~~~~~~~~~ * ~~~~~~~~~~ * ~~~~~~~~~~ * ~~~~~~~~~~

칠순은 족히 넘어 보이는 원장 선생님! 내가 가면 진료환자라기보단 집에 찾아온 반가운 손님인 양 언제나 맞아주신다. 그날도 그런 날이었다.

"어이! 오셨어? 커피 한 잔 해야지?" 라시면서 고개를 돌려, 30년을

위풍환 원장님

넘게 같이 있었다는 간호사 선생님을 향해, "어이, 커피 한 잔!" 이라고 외치신다. 잠시 후 그 간호사 선생님은 30년의 익숙함과 능숙함이 녹아 있는, 가볍고도 짧은 하지만 편안하고 포근한 미소 한 번 지으시고는, 따끈한 커피 한 잔 내어오신다. 커피가 담긴 그 잔까지도 세월을 묵은 편안함을 띄고 있다.

젊어서는 돈을 벌기 위해 일을 했는데, 이제는 일하기 위해 돈을 쓰신다는 원장님! "요즘은 병원 유지를 위해선 돈을 써야 하는 형편이긴 하지만, 그렇다고 해서 일을 관두면 힘없이 늙어가는 것 말고 뭐가 있겠는가?" 하시는 말씀 속에서 묻어나오는 연륜의 힘이 내 마음 속에 깊숙이 파고든다.

선생님께서는 최근에 병원의 원장실 옆방에 공간을 마련하여 집에 있던 시간의 때가 잔뜩 묻은 전축과 LP 음반들을 모조리 갖다 두셨다고 하신다. 요즘 그 음반들을 한 장씩 듣는 게 그렇게 좋다시며!

30년이 넘은 동네 개인 병원, 원장실의 책꽂이와 책장을 가득 메운 온갖 종류의 책들, 선글라스를 끼고 친구들과 함께 당당하게 서 있는 젊은 날의 모습을 담은 빛바랜 탁자 위 사진, 한쪽 벽을 가득 메운 의사 면허증에서 각종 위임장, 감사장 등!

단아한 꽃무늬 옛날식 찻잔에 내어온 인스턴트 커피 한 잔은 세상 그 어떤 훌륭한 바리스타의 커피보다도 그 맛과 향이 더욱 풍부하다. 오래된 전축의 턴테이블 위를 맴도는 LP 음반에서 흘러나오는 그 클래식 음악은 세상 그 어떤 연주보다도 감동이 더하다. 그 속에서 나란히 마주 앉아 나누는 얘기는 세상 그 어떤 현자의 말보다도 삶의 맛과 향이 더욱 진하다.

그 순간 귀에 익숙한 음악이 흘러들어왔다. 그리고 내 입에서는 "아!..." 하는 짧은, 잔잔한 탄성이 흘러나왔다. 하이든의 '트럼펫 협주곡 3악장'! 일명 '장학퀴즈 음악'!

~~~~~~~~~* ~~~~~~~~~* ~~~~~~~~~* ~~~~~~~~~

그날의 그 감동은 지금까지도 기억 속에 생생하다. 이 글을 쓰고 있는 지금은 더욱 그렇다. 이 순간만큼은 어떤 작곡가의 어떤 곡인지에 대한 지식 놀이는 무의미한 것 같다. 때로는 지식으로 감성을 방해받고 싶지 않은 때가 있으니까!

나도 모르는 사이, 내 입가에는 이미 잔잔한 미소를 머금고 있다.

♫ 추천음악을 감상해 보세요!

음악 - 하이든((Franz) Joseph Haydn)
제목 - 트럼펫 협주곡 3악장
연주 - 트럼펫 티네 팅 헬세트(Tine Thing Helseth)

추천음악 감상하기

쿨다운(Cool Down)

에드워드 호퍼의 '뉴욕의 방'(1930년대)

　에드워드 호퍼(Edward Hopper, 1882-1967)는 자신의 그림들을 통해, 미국이 1920년대에서 60년대까지 누리고 있던 호황 이면에 만연되어 있던 당시 사람들의 고독, 절망을 표현했다. 그 그림들 중에서도 특히, '뉴욕의 방'(1930년대)! 부족한 것 없어 보이는 한 부부! 하지만 남편은 불안한 직장생활 때문인지 아니면 단지 잔뜩 쌓인 일의 연속 때문인지 신문에만 몰두해 있고, 그 부인은 단절된 소통 가운데서 피아노 건반 몇 개를 맥없이 무의미하게 툭툭 치면서, 각자의 고독 속에 갇혀 있다. 마치 어디선가 본 듯한, 이 '데자뷰' 같은 느낌은 나에게만 일어나는 것일까?

　세계 최고의 부를 누림과 동시에 대공황을 겪었고, 2차 세계 대전까지 치렀던 미국! 그 뒤로 밀려오는 허탈감과 울적함 그리고 전후 혼란! 바로 그 시기에 등장한 '쿨 재즈'(Cool Jazz)는 그 모든 열기 혹은 광기 그리고 혼란들을 차분히 '식혀주고'(cool down) 위로해주고 있었다.

　'쿨 재즈'란 그 이름만으로도 상당히 와 닿는다. 이전 시대의 강렬하고 화려했던 비브라토와 다이내믹은 극도로 절제되어 있고, 부드러운 음색의 그 흐름은 한껏 이완되어 있다. 그 끝없이 고요한 서정성은 멜랑꼴리 하기까지 하다. 그중에 떠오르는 한 곡, '부드럽게(Tenderly)'! 생각은 약 사오십 년을 되돌아가서 쳇 베이커(Chet Baker, 1929~1988)의 고독하고 슬픈 듯 부드럽게 감싸주는 그 트럼펫 연주에 잠시 푹 빠져있다가, 다시금 200여 년을 거슬러 올라간다.

　아직은 응석받이 어린아이에 불과한 아들의 재능을 일찍부터 알아본 아버지를 따라, 그는 유럽 전체를 여행하며 많은 것들을 배우고, 연주하였으며, 또 인정도 받았다. 그에 따른 부와 명성 또한 당연했다. 하지만, 그 모든 화려함과 열광들은 계속되지 못했다. 그의 몸과 마음은 점점 힘겨워하고 있었다.

볼프강 A. 모차르트

 모차르트(W. A. Mozart, 1756-1791)는 그렇게 너무도 짧았던 인생의 마지막으로 점점 다가가고 있었다. 그리고 죽기 두 달 전쯤, 자신의 유일한 클라리넷 협주곡을 썼다. 그중에서도 특히 제2악장 아다지오(Adagio; 느리게)! 클라리넷의 시종일관된 절제는 숨 막힐 듯 아름답고, 다른 악기들과의 조화는 가히 환상적이다. 협주곡에서 반드시 등장하는 독주 악기의 '카덴차'(cadenza), 즉 극에 달하는 기교, 즉흥성,

창작성으로 클라이맥스를 향해 달음질치는 화려함과 열기는 전혀 보이지 않는다. 단지 세상의 모든 흐름이 잠시 멈춘 듯, 부드러운 위로와 고요한 아름다움으로 그 깊이를 더해갈 뿐이다.

마치 자신의 죽음이 임박했음을 알고나 있는 듯, 모든 것을 체념하고 있는 듯, 그 뜨거웠던 모든 열정을 서서히 식히고 있는 듯, 클라리넷 선율은 담담하게 흐르고 있다. 그렇게, 그 선율은 화려했던 만큼이나 힘겨워했을 모차르트의 마음을 부드럽게 어루만져주고 있었다.

20세기 중반의 미국이라고 하는 한 국가가 겪었고, 18세기의 모차르트라고 하는 한 개인도 피할 수 없었던 그 상황들은 지금도 여전히 우리들 가운데 있을 뿐만 아니라, 어느새 우리는 그 속에서 익숙해져 있음을 외면할 수 없다. 호황의 이면에 따르는 몰락, 화려함이 더해주는 고독! 그로부터 이어지는 허전함과 쓸쓸함, 그리고 절망!

'절망'을 일컬어 일찍이 키에르케고르는 "죽음에 이르는 병"이라 했다. 또 그는 거기서 멈추지 않고, 그 "희망이 없는 곳에서 희망을 품는 것이 중요하다"며 열정적으로 호소하고 있었다. 그런데, 여기서 하나 더 생각해볼 게 있을 것 같다.

몸과 마음 모두가 절망의 열기로 가득 찬 상태에서는 코앞에 있는 것도 보지 못하는 게 보통이다. 오늘날 '스트레스'라는 이름으로 대변되는 온갖 흥분의 열기, 절망의 열기 등의 상태를 생각해 보면 더욱 공감이 간다. 그런 가운데서 무슨 '희망'이 보이겠는가? "희망을 품는 것"도 물론 좋지만, 그전에 우리의 모든 이성을 마비시키는 그 '열기'를 식히는 게 우선이 아니겠는가? 그리고 나서야 뭔가 하나씩 새롭게 보이고, 비로소 희망도 다시 보일 게 아닌가?

치명적인 병을 앓고있는 모차르트가 의자에 앉아 레퀴엠을 작곡하는 모습

우리네 옛사람들이 전해준 바로 그 지혜의 한 수는 바로 이를 두고 말한 것 같다. '수승화강'(水升火降)! 물은 위로, 불은 아래로! 즉, '찬 기운은 올리고 따뜻한 기운은 내려라!' 오늘날의 말투로 바꿔보면, 머리가 '쿨'(cool;시원한)해야 이성적인 사리판단이 '쿨'(cool;냉정한,

침착한, 신중한)하게 설 테고, 심장은 '핫'(hot;뜨거운)해야 모든 일을 '핫'(hot;열정적인, 활발한, 굉장히 재미있는)하게 헤쳐나갈 수 있을 것이라는 의미일 것이다.

도시를 가득 채웠던 한낮의 소음들이 점점 잦아들고, 온통 화려했던 저녁 불빛들도 하나둘씩 꺼져가고, 어느덧 짙은 어둠이 그 고요함을 더해가는 도시의 깊은 밤! 저녁 시간 내내 떠들썩하게 웃고 즐기던 사람들도 대부분 돌아가고, 이제는 몇 명 남지 않은 어느 레스토랑에 홀로 앉아 있다. 때마침, 하루의 뜨거웠던 흥분을 가라앉히는 고요함인 듯, "연극이 끝나고 난 후"의 쓸쓸함인 듯, 모차르트의 그 클라리넷 선율이 내 마음속으로 들어온다.

♫ 추천음악을 감상해 보세요!

♪ 감상 1
음악 - 모차르트(Wolfgang A. Mozart)
제목 - 클라리넷 협주곡 A장조 2악장
연주 - 클라리넷 샤론 캄(Sharon Kam)

♪ 감상 2 (재즈)
제목 - 부드럽게(Tenderly)
연주 - 트럼펫 쳇 베이커(Chet Baker)

추천음악 감상하기

나는 지금 무엇을 기도하고 있는가?

    포도원 농부들은 포도나무를 비옥한 땅이 아닌 자라기 힘들고 거친 땅에 심는다고 한다. 비옥한 땅에 심으면 빠른 시간에 뿌리내려 잘 자라긴 하지만 깊이 내리지 못한 뿌리이기에 험한 날씨와 환경에 쉽게 상하거나 뽑혀버리기 때문이다. 반대로 거친 땅에 심으면 뿌리내리기에 시간이 오래 걸리고 힘들며 그래서 약한 나무는 죽기까지 한다고 한다. 결과적으로 깊고 단단하게 뿌리내린 나무만이 살아남아 튼튼하고 좋은 열매를 맺는다는 것이다.

프레데릭 F. 쇼팽

    쇼팽(Frédéric François Chopin, 1810~1849)의 '빗방울 전주곡'에는 처음부터 곡이 끝나기까지 쉬지 않고 지속적으로 반복되면서 빗방울을 연상시키는 한 음이 있다. 하나의 음이지만 곡이 진행됨에 따라 그 느낌은 조금씩 다르다.

한낮의 맑은 하늘에서 차갑고 맑은 빗방울이 한 방울씩 떨어지는 듯이 곡은 시작된다. 그러다 하늘은 점점 짙은 먹구름으로 어두워지고 빗방울도 점점 굵어진다. 동시에 마음속 깊은 슬픔이 한없이 몰려온다. 그리고 그 슬픔의 눈물은 빗물이 되어 쏟아져 내리는 듯하다.

한바탕 쏟아져 내린 빗줄기는 어느새 가늘어지고 하늘은 다시 맑게 갠다. 이젠 비도 그쳤다. 그리고 처마 끝에 고인 빗물이 한 방울씩 똑똑 떨어진다. 그 떨어지는 빗방울 소리는 더없이 맑아서 그토록 어둡고 슬펐던 마음까지도 맑게 개는 듯하다. 고요하다.

쇼팽이 스페인 남쪽 마요르카 섬에서 겨울을 보낸 4개월은 그의 음악 생애에서 빼놓을 수 없는 시기이다. 실제 이 4개월은 쇼팽에게 매우 힘든 시간이었다. 추위로 인해 결핵이 더욱 악화되었다. 또 두 아이를 둔 6살 연상의 여류 소설가 조르주 상드와의 동거는 그곳 주민들의 오해를 사서 따가운 시선과 비난을 받아야 했다. 게다가 금전적 어려움마저 겹쳤다.

바흐의 '평균율'에 견줄 만한 위대한 곡으로 인정되는 '24개의 전주곡'(24 Prelude, Op.28) 대부분이 바로 이 시기에 쓰인 점을 눈여겨볼 만하다. 이로 인해 그 시기는 아이러니하게도 그의 가장 생산적인 시기로 평가되니 말이다. 그 아름다운 '빗방울 전주곡'도 이 가운데 15번째 곡에 해당된다.

스스로 행복하다 여겨지는 삶을 살고 있을 때는 잊고 있다가, 어느 한순간 큰 어려움을 만날 때면 우리는 신(神)께 기도하곤 한다. 하지만 그분의 생각과 우리의 바람은 서로 반대편에 있다는 점을 우리는 간과하곤 한다.

성 프란체스코의 기도를 떠올려본다.

> 큰일을 이루기 위해 힘을 달라고 기도했더니,
> 겸손을 배우라고 연약함을 주셨습니다.
> 많은 일을 해낼 수 있는 건강을 달라고 기도했더니,
> 보다 가치 있는 일을 하라고 병을 주셨습니다.
> 행복해지고 싶어 부유함을 달라고 기도했더니,
> 지혜로워지라고 가난을 주셨습니다.
> …

진실한 삶을 바라보는 신과 인간의 눈은 분명 다른 것 같다. 우리가 사랑하게 해달라 기도하면, 그분은 무엇을 주실까? 인내를 달라 하면 고통을 주고, 용기를 달라 하면 두려움과 좌절을 주지 않을까? 포도나무가 척박한 땅에서 깊고 단단하게 뿌리내려 튼튼하고 좋은 열매를 맺는 것을 보라!

나는 지금 무엇을 기도하고 있는가?

♫ 추천음악을 감상해 보세요!

음악 - 쇼팽(Frédéric François Chopin)
제목 - 빗방울 전주곡
연주 - 피아노 블라디미르 호로비츠(Vladimir Horowitz)

추천음악 감상하기

내 이름은 '기회'(opportunity)다!

　　80년대 후반에 그 전성기를 누렸던 가수 변진섭의 수많은 히트곡 가운데서 '희망 사항'을 빼놓을 수 없다. 그가 이 곡을 처음 접했을 때는 그리 호감도 가지 않았고, 게다가 새 앨범에 들어갈 곡들도 이미 차있었다고 한다. 하지만, 당시에 "약간의 라이벌 구도"에 있던 이문세에게 주는 게 싫어서 결국 부르기로 했다고 한다. 그런데 그랬던 곡이 그렇게 히트 칠 줄이야! 기회의 신 '카이로스'(Kairos)는 그렇게 다가오는 것 같다.

　　이 곡이 한참 나올 당시, 노래 끄트머리에 귀에 익숙한 선율이 흐르는 것을 듣고, 참 재치있고 곡 분위기와도 잘 어울린다는 생각이 들었던 기억이 있다. 조지 거쉰(George Gershwin, 1898~1937)의 '랩소디 인 블루'(Rhapsody in Blue)다.

　　'랩소디'(Rhapsody;광시곡)는 19세기 초 이래로 정형화된 틀이 없이 자유분방하고 열정적이면서 격한 감정의 기복을 표현해내는 음악에 이름 붙여져, 클래식의 한 장르를 이뤘다. 사라사테의 지고이네르바이젠(집시의 노래)이 그렇고, 영화를 통해 다시 한 번

붐을 일으키고 있는 영국의 록그룹 퀸(Queen)의 '보헤미안 랩소디'가 그렇다. 그리고 '블루'(Blue)는 일반적인 블루스 음악이 지닌 어둡고 우울함의 의미로, 당시 공장 노동자들의 삶의 애환을 대변한다.

조지 거쉰

거쉰은 이 두 가지의 전혀 다른 음악을 한 데 담았다. 즉, 현실의 고달픈 삶을 노래하는 미국적인 서민음악 재즈를 클래식 음악이라는 예술에 담아 승화시키는 데에 모든 노력을 쏟았다. 그 결과로 얻게 된 여러 작품 중 단연 최고로 꼽힐 수 있는 곡이 바로 '랩소디 인 블루'이다.

사실, 이 곡은 거쉰 혼자만의 작품은 아니다. 원래 두 대의 피아노를 위한 곡으로 작곡된 것을 당시 화이트먼 밴드의 편곡자였던 퍼디 그로페가 오케스트라 편곡을 하여 무대에 올렸다고 한다. 그렇게 연주되기 시작한 것이 지금 우리가 알고 있는 곡이다. 기회의 신은 때로는 이렇게 도움의 손길로 다가오기도 하는 것 같다.

또, 한 리허설에서 클라리넷 연주자 로스 고먼(Ross Gorman)이 17개 음을 미끄러지듯 상승하며 거쉰에게 장난치듯 연주한 적이 있었다. 거쉰은 이 소리에 반하여 실제 콘서트에서도 그렇게 연주하도록 했다. 마치 사이렌을 울리는 듯한 이 도입부는 이렇게 탄생하여 오늘날의 '랩소디 인 블루'를 완성시켰다. '카이로스'는 이처럼 장난스럽게 다가오는 때도 있는 것 같다.

90년대 히트곡 이현우의 '헤어진 다음날'에서는 곡 전체를 통해 반복적으로 흐르는 비발디의 '사계; 겨울'이 참 인상적이었다. 원래는 에릭 클랩튼의 'Tears in heaven'을 쓰려고 했다고 한다. 하지만 너무 비싼 저작권료로 인해 결국 포기하고, 대신 비발디의 곡을 쓰게 된 것이라고 한다. 때로는, '기회'는 최선이 여의치 않아 선택한 차선의 모습으로 다가와 결국 최선의 결과를 선물하기도 하는 것 같다.

살다보면 비록 계륵이라 하더라도 붙잡아야 하는 때가 있다. 바로 옆에 있던 누군가가 전혀 예상치 못했던 도움의 손길을 내미는 경우도 있고, 순간 그냥 지나칠 수 있는 장난으로 다가오는 때도 있다. 또 어쩔

수 없이 차선을 선택해야 하는 경우도 있다.

카이로스

이처럼 '기회'는 매우 다양한 모습으로 매 순간 우리들 옆을 지나친다. 하지만 우리는 그 실체를 결코 알아보지도, 예측하지도 못한 채 '기회'가 오지 않음을 원망하며 실의에 빠져 있곤 한다. 그 이유는 이탈리아 토리노 박물관에 있는 카이로스(Kairos) 조각상 아래에 소개된 글 속에서 찾아볼 수 있을 것 같다.

내가 발가벗은 이유는 사람들의 눈에 잘 띄기 위함이고,
앞머리가 많은 이유는 내가 누구인지 사람들이 금방 알지 못하게 하고,
내가 앞에 있을 때 쉽게 잡을 수 있도록 하기 위함이며,
뒷머리가 대머리인 이유는 내가 뒤로 지나가 버리면
다시는 붙잡지 못하도록 하기 위해서이다.
어깨와 발뒤꿈치에 날개가 달린 이유는 최대한 빨리 사라지기 위함이며,
저울을 들고 있는 이유는 기회가 있을 때
저울을 꺼내 정확히 판단하라는 의미이며,
날카로운 칼을 들고 있는 이유는 칼같이 결단하라는 의미이다.
내 이름은 '기회'(opportunity)다.

아! 여태껏 생각을 완전히 잘못하고 있었던 것 같다. '기회'란 있다거나 없다거나 하는 존재의 문제가 아니라, 그 많은 기회 가운데서 단지 잡을지 말지를 선택하는 의지의 문제였으니 말이다.

그래! 그동안, 너무도 평범해 보이기에 대수롭지 않게 그냥 보내버렸던 일들이 얼마나 많았던가! 선택의 갈림길에 서서 망설이기만 하거나, 슬금슬금 기어 올라오던 그 스트레스들을 감당하기 싫어 혹은 감당하지 못해 스스로 피하고 말았던 때는 또 얼마였던가! 그리고는

여전히 "분명 뭔가 특별한 게 있을거야!"라며 막연하게만 기다려온 시간은 또 얼마인가!

아니! 바로 지금, 그 '어떤 놈'이 내 옆을 유유히 지나고 있지 않을까? 혹은 어떤 선택을 강요하며 이미 내 앞에 불쑥 다가와 있는 건 아닐까? 앞머리 길게 늘어뜨려 얼굴을 가리고, 그 속에선 조롱 섞인 미소를 살짝 입가에 머금은 채!

🎵 추천음악을 감상해 보세요!

음악 - 조지 거쉰(G. Gershwin)
제목 - 랩소디 인 블루(Rhapsody in Blue)
연주 - 레오나드 번스타인(L. Bernstein) &
　　　뉴욕 필하모니 오케스트라 (1976)

추천음악 감상하기

만일 너희가 너희 안에 갖고 있는 것을 끌어내
열매를 맺게 한다면,
너희 안에 있는 그것이 너희를 구할 것이다.
너희가 너희 안에 갖고 있는 것을 끌어내지 않는다면,
너희 안에 있는 그것이 너희를 파괴할 것이다.

- 「도마복음」에서

4장

삶의 통주저음
'망각'(Oblivion)을 벗고
고통으로 피운 꽃, 그리고 평온함
부적응자들
실패할 기회, 다시 일어설 용기
일곱 빛깔 한 데 모여, 한 줄기 빛 되어

실패할 기회, 다시 일어설 용기

삶의 통주저음

나는 긍정적이려 하지 않고,
부정적으로 지내기에 급급하고,
무언가를 가지려고만 하고,
우리 모두는 앞으로 나가는 데만 너무 바쁘고,
남의 것이 더 좋아 보이고,
질투심에 질질 끌려다닌다.
…
우리 언제나 한번쯤 자신에게 만족할 수 있을까?
…

— 스윗박스의 'Life is cool' 중에서

1995년, 미국 LA에서 결성된 프로젝트 R&B 그룹 '스윗박스'(Sweet box)의 히트곡 'Life is cool' (인생은 멋져!)이다. 굳이 설명할 필요 없는 클래식, 파헬벨(Johann Pachelbel,1653~1706)의 '캐논'(Canon)이 줄곧 함께 흐르고 있어 귀에 쉽게 들어왔다.

'캐논'(Canon)은 그리스어로 '규범', '원칙'을 뜻한다. 그리고 음악에서는 선두에서 시작된 선율을 일정한 간격을 두고 차례로 2개의 다른 성부가 진입하여 주제 선율을 점점 변화, 발전시켜나간다. 일종의 돌림노래 형식이다. 이 형식은 실상 파헬벨 이전 시대부터 널리 쓰이고 있었다. 하지만 오늘날에는 가장 많이 사랑받고 있다는 이유로 파헬벨의 '캐논'으로 정착되어버렸다.

17-18세기 바로크 음악에는 '통주저음(Basso Continuo)'이라고 하는 형식이 널리 쓰였다. 이 형식에서는 지속적으로 반복되는 짧고 간단한 저음 선율이 곡 전체의 근간을 이룬다. 그 근간이 되는 저음선율을 중심으로 음악은 화려한 화음을 펼치며 변화, 발전, 마무리된다. 원래 제목이 '세 개의 바이올린과 통주저음을 위한 캐논'이었던 파헬벨의 '캐논'도 이러한 특징을 그대로 보여주고 있다.

곡은 통주저음에 해당하는 저음 악기가 기본 선율을 제시하는 것으로 시작된다. 그리고 곧장 그 뒤를 이어서 3개의 바이올린이 차례대로 시작하면서, 마치 파도가 밀려왔다가 다시 쓸려가는 듯이, 마치 4월의 벚꽃이 만발했다가 순식간에 져버리는 듯이, 혼돈 속에서 조화를 이루며 한껏 화려함을 뽐내다가 마침내 평온해진다.

통주저음의 저음 선율은 너무도 단순하고 짧다. 그래서 곡이 시작하면 온갖 화려함 속에 곧 묻혀버리고 만다. 하지만 그 선율은 잠시도 쉬지 않고 곡이 끝나기까지 지겹도록 반복된다. 파헬벨의 '캐논'에서는 무려 28번이나 반복된다.

 통주저음은 그러한 단순반복으로 그 음악이 흔들림 없이 즐겁고 아름답게 흘러갈 수 있게 안내해 주는 '길'이며, 중심 잡아주는 '뿌리'다. 그 음악이 외적으로 표현하고자 하는 느낌이 아무리 다양하고 화려하더라고, 그 중심에서 벗어나지 않고 일관성 있게 해준다. 그로 인해 음악은 더욱더 화려하고 정갈하다. 그것이 바로 통주저음이다.

<사진 양성원>

 우리 삶에도 그 통주저음이 있다. 우리 삶에도 바로 그 길이 있다. 그 길은 가장 소중하고 없어서는 절대 안 될 것이다. 하지만 우리가 미처 발견하기도 전에 세상의 화려함과 풍요로움 속에 묻혀버리기 일쑤다. 길을 잃어버렸다는 의미다. 그래서 우리는 R&B 그룹 '스윗박스'가 던진 그 질문을 지금도 되뇌며 공감하고 있는지 모른다. "우린 언제나

한 번쯤 자신에게 만족할 수 있을까?" 하고! 더욱 슬픈 일은 그런 사실조차도 인식하지 못하는 경우가 적지 않다는 것이다.

하지만, 그 노래는 거기서 끝나지 않는다. 마지막에 이렇게 제안한다. "인생은 아주 멋지다(Life is so cool), 조금만 다른 눈으로 바라본다면!" 우리 삶 또한 그냥 그렇게 끝나진 않을 것이다. "조금만 다른 눈으로 바라본다면!"

> 기뻐하라!
> 인생에 부여된 사명은 기쁨이다.
> 하늘을 향해, 태양을 향해, 인간을 향해
> 기쁨의 노래를 바쳐라.
> 이 기쁨이 사라지지 않도록 주의하라.
> 만에 하나 인생에서 이 기쁨이 사라졌다면,
> 그것은 어딘가에서 길을 잃었기 때문이다.
>
> - 톨스토이

♬ 추천음악을 감상해 보세요!

♪ 감상 1
음악 - 파헬벨(Johann Pachelbel)
제목 - 캐논(Canon)
연주 - Voices of Music
   (르네상스, 바로크 음악 전문 연주단체)

♪ 감상 2 (팝송)
제목 - Life is cool
가수 - 스윗 박스(Sweetbox)

추천음악 감상하기

'망각'(Oblivion)을 벗고

나이지리아인 아버지와 한국인 어머니를 둔 피부색 검은 혼혈인데 영어엔 "울렁증"을 갖고 있다고 한다. 좋아하는 것은 순댓국이며 고향은 이태원이라고 한다. 어딘가 문맥이 맞지 않은 것 같다. 그래서 어딘가 좀 특별해 보인다. 그는 어머니에 대해 이렇게 떠올렸다. "부모님이 힘들 때마다 너는 특별하다고, 언젠가는 좋은 일이 생길 거라고 얘기해 주셨다. 그 말이 되게 힘이 됐다." 그 '특별함'으로 그는 미국 TIME지 선정 '2017년 가장 영향력 있는 10대 30인'(The 30 Most Influential Teens of 2017)에 한국인으로는 유일하게 자신의 이름을 올렸다. 한국 최초 흑인 남성모델 한현민에 관한 이야기다.

열정과 애절함을 얘기할 때 가장 먼저 떠올리게 되는 아르헨티나의 탱고(Tango) 또한 처음엔 그다지 예술적이지 못했다고 한다. 19세기 말, 아르헨티나의 부에노스 아이레스(Buenos Aires) 하층민들의 삶에서 사교춤으로 시작되었다니 그럴 만도 했을 것이다. 이후로 점점 발전되어 20세기 초에 유럽 사교계에서 큰 인기를 누리기도 했지만, 탱고가 그 '특별함'을 본격적으로 드러낸 것은 아스토르 피아졸라(Astor P. Piazzolla, 1921~1992)를 만나서였다.

아스토르 피아졸라

피아졸라는 아버지의 영향으로 어려서부터 수준급 반도네온 실력을 쌓았다. 한편 뉴욕 이주 시절(1925-37; 4-16세)에는 클래식과 재즈에 더 심취하기도 했다. 이를 바탕으로 그는 탱고를 재즈나 클래식과 같은 예술 경지로 올리고 싶은 열망을 노력으로 이어갔다. 그리고 마침내 '누에보 탱고'(Nuevo Tango, 새로운 탱고)를 탄생시켰다. 미국적인 서민음악 재즈를 클래식에 잘 버무려 예술의 경지에 올린 조지 거쉰(George Gershwin, 1898-1937)이 떠오르는 대목이다.

이야기는 여기서 끝나지 않았다. '새로움'은 '특별함' 혹은 '낯섦'과 다르지 않다. 그러기에 그것은 언제나 그렇듯 장벽을 만나게 마련이다. 피아졸라의 탱고 역시 이를 비껴가지 못했다. 결국 그는 전통적인 탱고를 타락시킨다는 이유로 외면당하게 되었고, 그 후 아르헨티나를 떠나 유럽, 미국 등지에서 활동하게 되었다. 그런데 아이러니하게도 이것이 그가 탱고를 세계적으로 전파하는 계기가 되었다. 그토록 염원하던 "발보다는 귀를 위한" 탱고, 감상음악, 순수음악의 한 장르로 발전, 승화시킨 것이다.

2014 소치 동계올림픽에서 피겨여왕 김연아의 연기로 한층 친숙해진 '안녕 노니노'(Adiós Nonino; Farewell Father), 2016 리우올림픽에서 체조요정 손연재가 선택했던 '리베르탱고'(Libertango) 등으로 대표되는 피아졸라의 많은 명곡들 중에서도, 특별한 의미로 내게 다가오는 곡이 있다. 피아졸라가 마르코 벨로치오 감독의 영화 <엔리코 4세>(1984)를 위해 쓴 '망각'(Oblivion)이다.

영화 속 엔리코 4세는 역사 속의 '엔리코 4세'(교황 그레고리우스 7세와의 대결에서 '카놋사의 굴욕'으로 무릎 꿇었던 신성로마제국 황제 하인리히 4세의 이탈리아식 이름)로 분장해서 축제를 즐기던 중, 낙마하여 기억상실증에 걸리게 된다. 그리고 그 누나는 동생이 사고 당시에 분장했던 11세기의 '엔리코 4세'로 착각하며 살아가게 한다. 12년이 지난 후에 그는 기억을 되찾게 되지만, 타인에 의해 형성된 망각 속에서 보낸 12년 동안의 삶이 이미 현실이 되어버린 후였다. 이에 더해, 이제 그는 스스로 그것이 실체인 양 8년을 더 그 속에 머문다.

엔리코 4세가 보낸 '망각'의 20년은 참 많은 생각을 하게 한다. 마치, 한 치의 의심도 없이 세상 속에서 지내던 어느 순간 문득 '나'를 돌아보지만, 결국 그 망각의 모습을 애써 현실로 받아들이곤 하는 우리네 민낯을 보는 것 같아서다. 이와 함께 영화 속을 흐르는 피아졸라의 '망각'을 들으면서 그 내용과의 어울림에 감탄하는 것도 잠시, 이내 깊은 회한이 밀려든다.

힘겨우면서도 강렬한 반도네온의 선율, 이를 바이올린이 이어받아 애절함을 더하고, 희미한 반주가 완전히 동떨어진 듯이 주변을 맴돌다가 이내 모두가 격렬하게 한데 어울리는 것도 잠시, 쓸쓸함이 다시 찾아온다. 달리는 차창 밖에 스쳐 지나는 빗살무늬 풍경처럼 대략의 형체만 겨우 드러나는 배경을 뒤에 두고, 외로이 춤추는 한 댄서가 선명하고 강렬하게 묘사된 한 장의 그림이 떠오른다. 그리고 생각한다. 세상 속에 묻힌 '나'! '망각' 속의 '나'!

우연히 한 매체에서 아주 '특별'한 음악으로 해외에서 화제가 되고 있는 한 밴드를 만났다. 전통적인 우리 가락 경기 민요가 현대적 감성이 담긴 레게, 펑크, 글렘락 등을 만나 어우러져 있었다. 아주 낯선 듯 친근하고, 생소한 듯 익숙하고, 참신한 듯 무르익은 음악이었다.

미국 공영라디오(NPR)의 인기 코너 '타이니 데스크 콘서트'(Tiny Desk Concert)에 한국 뮤지션 최초로 출연한 '씽씽밴드'가 그들이다. 특히 그들의 '특별함'을 국내에서보다 해외에서 먼저 알아봤다는 점은 피아졸라의 '누에보 탱고'를 떠올리기에 충분했다.

그 밴드의 프런트맨 이희문의 인터뷰가 참 인상 깊게 남는다. "만들어진 밥그릇 안에서 싸움을 할 수밖에 없는데 그 안에서 싸움이 싫었다." "'맨땅에서 헤딩'을 시작한 거다. 의지할 데가 없으니 스스로 판을 만들지 않으면 안 됐다."

<사진 양성원>

계절은 겨울! 그 한가운데서 나는 지금 산을 바라보며 생각한다. 산이 추운 겨울을 나는 방법은 모두 벗는 것이다. 그런데 우리는 벗을 줄을 모르고 계속 덧입기만 한다. 그러니 몸도 둔해지고, 발걸음 또한 무거워질 수밖에!

이제는, 겨울을 피하지 않고 당당하게 맞기 위해 모든 것을 과감히 벗어던져 버리는 그 용기와 지혜의 시를 쓰고 싶다. 그리고 때가 되면, 보다 새로운 옷으로 갈아입게 될 바로 그 산을 노래하고 싶다.

🎵 추천음악을 감상해 보세요!

음악 - 아스토르 피아졸라(Astor P. Piazzolla)
제목 - 망각(Oblivion)
연주 - 반도네온 아스토르 피아졸라(Astor P. Piazzolla)

고통으로 피운 꽃, 그리고 평온함

<토지> 작가 박경리는 한 인터뷰에서 이렇게 말했다. "저는 몸에 어디가 쑤시고 아프지 않으면 안 돼요. 심지어 치통이라도 있어야 글이 써집니다."

2018년 초, 그 겨울에는 7년 만의 혹독한 강추위로 전국이 꽁꽁 얼어붙고 곳곳이 동파되었다는 뉴스가 끊이지 않았다. 그리고 명품 바이올린 스트라디바리우스로 생각이 이어졌다. 300년이 지난 지금도 그 비법을 명확히 밝혀내지 못하고 있지만, 상당히 설득력 있게 다가오는 주장 하나가 있다. 그 열쇠는 바로 18세기 당시의 혹독하게 추웠던 날씨라는 것이다. 바로 그 추위가 촘촘한 나이테와 밀도 높은 나뭇결을 만들어냈고, 바로 그 나무가 소리와 음정이 매우 균일하고 더없이 평온한 명기를 만들어냈다는 것이다.

'작은 파리'(kleines Paris) 라이프치히는 멘델스존, 바그너를 비롯하여 괴테, 니체 등 독일의 그 많은 지성들이 활동했던 '독일의 정신적 수도'이다. 그 가운데 작곡가이자 오르가니스트였던 요한 세바스챤 바흐(J.S.Bach, 1685~1750) 또한 빼놓을 수 없다. 그는 38세(1723)부터 죽을

요한 세바스챤 바흐

때까지 27년간을 이곳에서 살며 곡을 썼다. 이곳이 일명 '바흐슈타트' (Bachstadt; 바흐의 도시)로도 불린다고 하니, 참 그럴 만하다.

하지만 당시 바흐의 현실은 그리 녹록지 않았던 것 같다. 시 당국에서 원했던 '칸토르'(음악감독)는 천재적인 오르가니스트가 아니라, 적당한 실력으로 당국의 요구에 순응하는 이였기 때문이다. 다시 말해서, 당국과 자주 부딪히면서, 자신의 음악을 이해하지도 못하는 그들을 위해 음악감독 노릇을 해야 했던 게 현실이었다는 얘기다. 한편 2번의 결혼을 통해 얻은 20명의 자녀 중 10명을 잃은 아픔, 또 남은 10명에 대한 부양의 압박감, 그런 가운데 음악을 관료직 유지 수단으로 삼아야 했으니 오죽했을까? 자신의 이상에 대한 의지가 강했던 바흐를 생각해 본다면, 그 모든 상황이 그야말로 견디기 힘든 고통이었을 것이다.

이 같은 환경 속에서 겪었을 고통들은 자연스레 창작의 죽음이라는 불안과 공포로 바흐에게 나가왔음에 분명했을 것이다. 또한 동시에 역설적이게도 그 불안과 공포를 떨치고 살기 위해서 더욱더 창작에 전념하지 않았을까 하는 생각으로 이어진다. 라이프치히 시대가 그의 창작에 있어서 매우 활발한 시대였다고 하는데, 바로 그런 이유였던 게 아닐까? '불안'(Angst)하기에 살아남고자 하는 열망이 더하여 생명체들은 더욱더 '꽃피우게'(blüte) 된다고 생물학자들이 말한 '앙스트블뤼테'(Angstblüte)를 떠올려봄 직하다.

2018년 초, 그 겨울이 끝날 즈음에, '2018 호주오픈 테니스대회'에서 정현 선수가 남자 단식 준결승에 올라 화제가 되었다. 그 효과로 한 대기업 쇼핑몰에서는 테니스 관련 매출이 50%나 증가했고, 일반인들의 테니스 강습도 늘어나는 등, 유통가가 매우 분주했다고 한다. 지인들과 한참 동안 이런 얘기를 나누던 중간에 쑥 들어왔던 어느 후배의 한 마디가 생생하다. "한동안 지나고 나면 중고 테니스 라켓이 엄청 나오겠는데요!"

그 순간, 십수 년 전에 어느 잡지에서 본 한 기사가 떠올랐다. 매년 1월이 되면 담배 매출이 급감하는 반면, 영어교재 판매는 급증한다고 한다. 하지만 두어 달 남짓 그 겨울이 채 끝나기도 전에, 담배 매출은 원상 복귀를 넘어 오히려 상회하기 일쑤인 반면, 온갖 중고 영어교재 물량이 잔뜩 쏟아져 나온다고 한다.

우리는 화려하고 멋지게 보이는 것들에 쉽게 흥분했다가, 그리 오래 못 가 쉽게 잊어버리곤 한다. 그리곤 잠시 허탈한 웃음 한 번 짓다가, 이내 언제 그랬냐는 듯이 일상으로 돌아가 버리곤 한다. 멋쩍은 웃음이 입가에 스친다.

열정은 불안을 먹고 자라고, 흥분은 화려함을 먹고 자란다. 열정은 내 속에서 스스로 일어나는 불꽃이고, 흥분은 내 밖의 자극에 일어나는 불꽃이다. 열정은 태울수록 더욱 강렬해지고, 흥분은 강렬히 불붙었다 곧장 꺼져버린다. 열정은 모든 것을 태운 뒤 고요함과 평온함으로 다가오고, 흥분은 꺼져버린 뒤 공허함으로 남아 극복하기 힘든 불안과 공포로 밀려온다. 우리가 쫓고 있는 것은 무엇일까? 불안과 공포까지도 모두 태워버릴 '열정'일까? 아니면 결국 불안과 공포로 뒤덮이게 될 '흥분'일까?

추운 지방 나무는 나이테가 촘촘하며 강도가 높고, 더운 지방 나무는 무르고, 물가에서 빨리 자란 나무는 그 속이 푸석푸석하고, 자갈밭에서 자란 것은 나이테가 갈라져 있다고 어느 목공은 말한다. 그 혹독한 추위를 생명에 대한 열정으로 이겨냈기에 그 나무는 마침내 스트라디바리우스의 평온한 소리로 다시 태어났을 것이라 이해해보는 데에 도움이 되는 부분이다. 바흐 또한 바로 그 열정으로 모든 고통을 불태우고 평온함에 이르렀을 것이다.

바흐의 수많은 곡 중에서, 그 제목에서부터 평온함이 가득 느껴지는 곡이 있다. '사냥 칸타타' BWV 208 가운데 있는 목가풍의 소프라노 아리아 '양들은 편안히 풀을 뜯고'(Schafe können sicher weiden) 이다. 이 곡은 목동이 잘 돌보는 가운데 양들은 평화로이 풀을 뜯을 것이며, 통치자가 잘 다스리는 중에 백성들은 평화와 휴식을 느낄 것이라는 비교적 심플한 내용을 담고 있다. 여기에다 '칸타타'란 어떤 형식이고, 언제, 누구를 위해 쓰인 곡이고 하는 등의 설명을 하는 것은 평화로이 감상하는 데에 방해만 될 것 같으니 그만 두는 게 좋겠다.

파울로 코엘료의 <아크라 문서>에서 콥트인은 이렇게 말한다. "'성공'이란 무엇인가? 당신의 영혼이 평화로운 상태에서 매일 밤 잠자리에 들 수 있다는 것이다."

♪ 추천음악을 감상해 보세요!

음악 – 바흐(Johann Sebastian Bach)
제목 – 양들은 편안히 풀을 뜯고
　　　(Schafe können sicher weiden)
연주 – 소프라노 수잔 리덴(Susanne Rydén)
　　　& Voices of Music

추천음악 감상하기

부적응자들

미국 MIT 공과대학 내에 있는 한 연구실에서는 1980년대에 이미 터치스크린, 자율 주행 차량들이 개발되었다고 한다. 사막에서 식량을 재배하고, 우리가 잠자는 중에 꾸는 꿈을 통제하고, 또 인간의 뇌를 인터넷으로 연결하여 그 생각들을 읽어내는 등, 지금도 그들은 여전히 세상 사람들 보기에 말도 안 되는 일들을 하고 있다. 어느 시사 다큐멘터리에서 이곳을 "사회 부적응자들의 연구실"(a laboratory of misfits)이라 소개하는 것을 보았다. 순간 나도 모르게 '풋'하고 웃음이 나왔다.

1700년대가 끝나고 1800년대가 시작되던 당시는 프랑스 혁명을 기점으로 귀족 문화에서 보통 사람들의 문화로 그 중심을 옮겨가고 있었던 때다. 권력과 부를 지닌 소수의 전유물이었던 심오함, 화려함, 위대함의 자리를 보통 사람들의 명쾌함, 간결함 그리고 누구든 공감할 수 있는 보편성이 대신하고 있었다. 바로 그 가운데 당대 최고의 음악가들조차도 이해할 수 없었던, 그래서 '악마의 바이올리니스트'라 불린 한 사나이가 등장했다.

니콜로 파가니니(Niccolò Paganini, 1782-1840)는 어려서부터 일찍이 천재적인 재능을 보였다. 어떤 스승에게 가더라도 6개월이면 넘어섰고, 15살 때부터는 더 이상 배울 스승이 없어 하루 10시간 이상 자기 연습에만 몰두하여 자신만의 소리를 만들어냈다. 그리고 마침내 그 '부적응'의 결실로 이 천재는 바이올린으로 사물 소리, 동물 소리, 바람 소리를 내고, 나뭇가지를 활 삼아 켜고, 또 줄 하나의 바이올린을 켜기도 했다. 이런 연주를 본 사람들은 그가 "악마에게 영혼을 팔았고 그래서 악마가 나타나 그의 연주를 도왔다"고 밖에는 달리 이해할 수 없었다.

　사람들은 이해할 수 없는 어떤 것을 만나면, 단순히 거부할 뿐만 아니라 심하게는 비난하고 경멸하기까지 하는 경향이 있다. 그것은 아마도 그 대상이 무엇이든, 마음으로 받아들이기보다는 이성으로 이해하려는 성향 때문일 것이다.

　미술 또한 당시 시대 상황과 발걸음을 같이하고 있었다. 그 한 가운데에 장 오귀스트 도미니크 앵그르(Jean Auguste Dominique Ingres, 1780-1867)가 있었다. 그는 선과 색채가 뚜렷하고 균형 잡힌 그림을 추구하며, 19세기 신고전주의를 이끌었다. 그가 흠뻑 빠져서 그린 파가니니의 모습에도 그런 면들이 잘 나타나 있다. 참 간결하고 균형 잡혀 있으며, 선명하고 정적이다.

앵그르의 파가니니

　여기에 앵그르와 같은 시대를 살면서 그림에 몰두했던 외젠 들라크루아(Eugene Delacroix, 1798~1863)를 빼놓을 수 없다. 그 또한 심취하여 파가니니를 그렸다. 하지만 그는 달랐다. 그는 당시의 화풍에 적응하기를 거부하고, 문학적 '우울(melancolie)'을 그림으로 표현하는 데에 몰두했다. 그래서 그는 파가니니를 그렇게 그렸다. 선이 불분명하고 색채가 전반적으로 어두우며, 균형도 다소 흐트러져 역동적이다. 이처럼 그는 당시 주류와 타협하지 않고 자신의 그림을 계속 그렸다.

들라크루아의 파가니니

그리고 결국 그는 고전시대를 대신한 낭만시대를 대표하는 화가가 되기에 이르렀다.

앵그르의 파가니니는 '악마의 바이올리니스트' 이미지와는 정반대인 '선한 사마리아인'의 느낌을 준다. 실제로 파가니니는 자신을 간호하던 하녀를 위한 연주회를 열어, 그 하녀가 무사히 결혼할 수 있게 도와줬다는 얘기가 있다. 어느 추운 겨울, 길거리의 한 노(老)악사를 보고 그 자리에서 바로 연주하여, 텅 비어있던 모자 한가득 돈을 모아줬다고도 한다. 하지만 들라크루아의 파가니니를 보면 그 느낌은 뒤바뀐다. 악마와의 뒷거래로 얻은 신기에 가까운 소리로 연주한다던 세상 얘기와 딱 맞아떨어진다.

두 화가는 이처럼 서로를 거부하고 경멸했지만 동시에 그 사이를 이어주는 공통점 또한 있었음에 주의를 기울여볼 필요가 있다. 그것은 둘 모두가 주위의 소리와는 상관없이 자신에게 적응하는 데에 시간과 땀을 쏟았다는 점이다. MIT 공과대학의 그 '부적응자들'도, 파가니니도 이와 다르지 않다.

문제는 '적응할 것인가?', '적응하지 않을 것인가?' 가 아니다. 중요한 것은 '어디에 적응할 것인가?' 하는 것이다. 사실, 위의 모두는 적응하지 못한 게 아니라, 전적으로 자신에게 적응한 것이다. 그래서 그 반대쪽으로는 적응하지 못한 결과를 낳은 것일 뿐이다.

우리는 '세상'을 보며 살아가는 때가 적지 않다. 그렇다면 세상일이 내 마음대로 되는 게 없다고, 내 마음 같은 사람 없다고 그리 푸념할 일도 아닐 것이다. 그게 바로 세상이라는 것 아니겠는가? 그런데 이 점 하나는 기억해야 할 것이다. 그렇게 한동안의 시간을 보낸 뒤 돌아보면, '세상'은 남되 '나'는 없어지고 만다는 것을!

그 와중에 내 마음대로 할 수 있는 게 '딱 하나' 있어 참 다행이다. 바로 '자신'이다. '세상이 무엇을 원하는지' 보다는 '내가 무엇을 원하는지'를 다시 한번 자문해봐야 할 것이다. 그리고 나면 확인할 수 있을 것이다. 그렇게 한동안의 시간을 보낸 뒤에도 여전히, '세상'과 함께 '나' 또한 그 자리에 남아있음을!

P.S. 그의 나이 48세 즈음, 파가니니가 그토록 격정적으로 보냈던 시간들이 거의 끝나가고 있었다. 그 즈음에 그는 <바이올린 협주곡 4번>을 썼다. 자신의 마음을 말해주는 듯, 1악장에서 몰아치던 폭풍우가 지나고, 2악장에서 그 선율은 아주 잔잔하고 감성적이다. 근래에 와서, 미국의 한 여가수가 그 2악장에 '나 그대만을 생각해, 내 사랑'(Io ti penso amore)이란 제목의 가사가 더해진 곡을 불렀다. 그리고 그 곡은 영화 <파가니니 The Devil's violinist>에서 다시 한번 숨 쉰다.

♬ 추천음악을 감상해 보세요!

음악 – 파가니니(Niccolò Paganini)
제목 – 나 그대만을 생각해, 내 사랑 Io ti penso amore
　　　　from 영화 <파가니니>

추천음악 감상하기

실패할 기회, 다시 일어설 용기

　어려서부터 '천재'라는 소리를 수없이 들으며, 소년은 9살에 이미 세계 최연소 프로 바둑기사가 되었다. 그리고 당시 최강국이라던 일본으로 유학 갔다(11-18살). 하지만 그 천재는 그곳에서 무참히 깨졌다. '국수'(國手) 조훈현 9단은 이를 출발점으로 하여 기본기부터 다시 연마하기 시작했다고 한다.

　조르주 비제(Georges Bizet, 1838-1875)는 어려서부터 뛰어난 음악성으로 화려한 경력을 쌓은 작곡가였으며, 그에 못지않은 피아노 실력까지도 겸비하고 있었다. 그리고 그는 23세에 바그너의 오페라 <탄호이저>를 보고 받은 감동으로 오페라 작곡에 야심 찬 도전장을 내밀었다. 하지만 그 결과는 참담했다. 바그너의 모방작에 지나지 않다는 불명예를 안겨줬던 <진주조개잡이>(1863)를 시작으로, 그는 10년이 넘도록 많은 오페라 작품들을 썼지만 이렇다 할 만한 게 없었다. 단지 그 많은 실패로 산(山)을 이룰 뿐이었다. 그리고 또 하나의 오페라 <카르멘>을 내놓았다.

　비제는 <카르멘> 초연 후, 또 한 번의 맹렬한 비난을 받아야 했다.

조르주 비제

여자 주인공(카르멘)이 담배공장 직공이라는 천민 신분이라는 점, 여러모로 준수한 청년(돈 호세)이 그런 여자를 사랑하게 된 점, 게다가 얻지 못한 사랑을 결국 살해함으로써 파멸에 이른 점 등, 당시 사람들이 무엇 하나 공감할 수 있는 요소들이 없었기 때문이다.

조훈현 9단은 유학하는 동안 무수히 많은 패배을 쌓았다. 그리고 그 산(山) 위에 우뚝 올라섰다. 바둑에는 '빈삼각'이라는 수가 있다. 비효율적이라 가급적 두지 말라는 악수이다. 제1회 세계 바둑대회 '응씨배'에서, 그는 모두의 비웃음과 조롱거리에 지나지 않았던 그 악수를 두 번이나 두었다. 그리고 승리했다. 비웃음과 조롱은 곧 놀람과 감탄으로 변했고, 전문가들은 입을 모아 "새로운 한국류의 출발"이라 했다. 마침내 정석을 넘어 자신만의 정석을 세상에 알린 것이다.

비난은 잠시뿐이었고, <카르멘>은 오랜 세월 패배들로 높이 쌓인 산(山) 위에서 그 진가를 보이기 시작했다. 예전에 바그너 모방작, 베르디 모방작이라던 그 혹평들은 이제 당시 유럽 각국 작곡가들의 장점들을 창조적으로 재결합했다는 호평으로 변했다. 또 천민 신분의 담배공장 여공이 주인공이라는 낯섦과 불편함은 이제 이국적 정서를 프랑스적인 취향에 잘 융합시켰다는 찬사로 바뀌었다. 이제는 더 이상 모방이 아니었다. <카르멘>은 모든 면에서 당시의 수준 즉 모방을 넘어 다음 세대를 열어주었다.

같은 해 연말, 이 오페라를 본 브람스(Johannes Brahms)는 "비제를 포옹하기 위해서라면 지구 끝까지 갔을 것"이라며 감동했다. 또 그 이듬해에는 차이콥스키(Pyotr Tchaikovsky)가 "10년 안에 <카르멘>이 세계에서 가장 인기 있는 오페라가 될 것"이라고 극찬했다.

> 자신에게 또 사랑하는 이에게,
> 넘어질 기회를 주라! 실패할 기회를 주라!
> 바로 그곳에서 다시 일어설 용기와 힘을 얻을 기회를 주라!
> 그리고 한참이 지난 어느 때엔가,
> 예전에 넘어졌던 그곳에서 얻을 수 있었던
> 그 용기와 힘을 기억할 기회를 주라!
> 그것들이야말로 생의 가장 값진 보물이었음을
> 깨닫는 지혜를 얻을 기회를 주라!
>
> — 양성원

때가 되면, 우리 모두는 세상으로 나가게 될 것이다. 그곳에서 우리는 냉담 혹은 비판, 심지어는 견디기조차 힘든 독설에 이르기까지 수많은 화살을 맞게 될 것이다. 정신적으로, 육체적으로 수없이 맞고, 수없이 넘어질 것이다. 바로 그 순간, 우리는 비참하고 힘겨운 자신의 모습을 두 눈 똑바로 뜨고 바라볼 수 있어야 할 것이다. 그리고 다시, 또다시 일어서야 할 것이다. 그렇게 일어서길 수없이 하는 동안, 우리는 어느샌가 세상 한가운데 우뚝 서 있는 자신의 모습을 발견하게 될 것이다. 그리고 깨달을 것이다. 그렇게 우리는 '어른'이 되어간다는 것을!

<정글북>을 썼던 키플링(Rudyard Kipling)에게는 17살의 어린 나이에 세계대전에서 전사한 아들이 있었다. 그는 <만약>(If)이라는 시로 아들에게 못다 한 삶의 얘기를 전해주고 싶었던 모양이다. 세상을 산다는 건 그런 거라고!

> 만약 성공과 실패를 만나더라도
> 이 두 협잡꾼들을 똑같이 대할 수 있다면
> ...
> 일생을 바친 일들이 무너지는 것을 보고도
> 낡은 연장을 들고 그것들을 다시 일으켜 세울 수 있다면
> ...
> 남은 거라곤 "버텨!"라고 말하는 '의지'밖에 없을 때에도
> 여전히 버틸 수 있다면
> ...
> 비로소 너는 '어른'이 될 것이다!
>
> — 키플링의 '만약' 중에서

P.S. 테너(돈 호세) 아리아 '꽃노래'(당신이 던져 준 이 꽃은)는 카르멘의 아리아 '하바네라'와 그 음악과 명성을 나란히 한다. 영창에서 풀려난 후 찾은 술집, 어느새 복귀시간이 다 돼가는 가운데, 호세는 카르멘이

처음 자신에게 던졌던 (이젠 시들어버린) 그 꽃을 보여주며, 노래한다. 감옥에서도 이 꽃을 바라보며 견디어냈으니, 이제 자신의 모든 것은 카르멘의 것이라고!

 이미 나빠질 대로 나빠진 건강에 <카르멘>에 대한 혹평까지 겹쳐서, 비제는 이제 더 이상 일어설 기운이 없었던 것 같다. 그리고 그 오페라의 초연이 있은 지 3개월 만에 그는 37세의 젊은 나이로 삶을 마쳤다. 그토록 간절한 마음으로 열정을 쏟아부었던 오페라, 하지만 비제는 마지막까지 그 미소를 보지 못했다. 카르멘의 사랑을 그토록 원했지만 결국 얻지 못하고 파멸에 이르고 마는 돈 호세! 그 불운의 청년 돈 호세는 바로 비제 자신이 아니었을까?

♬ 추천음악을 감상해 보세요!

음악 - 조르주 비제(Georges Bizet)
제목 - 꽃노래 : 당신이 던져 준 이 꽃은
　　　(The Flower Song)
　　　from 오페라 <카르멘>(Carmen)
연주 - 테너 요나스 카우프만(Jonas Kaufmann)

추천음악 감상하기

일곱 빛깔 한 데 모여, 한 줄기 빛 되어

장사익의 '찔레꽃'을 처음 들었을 때가 생각난다. 피아노로 시작되는 전주는 얼핏 한국 가곡인 것 같다가, 노래가 시작하자 가요인 듯하고, 곧 '도레미솔라' 5음계의 민요 느낌도 나는데, 좀처럼 감이 오질 않아 그냥 지나친 때가 있었다. 국악도 아니고, 가요도 아니고, 그렇다고 크로스오버도 아닌 것이 뭐라 한마디로 말할 수 없었다. 그런데 어느 시골 장터에서나 들어봄 직한 탁하고 거친 그 소리에는 부드러우면서도 애잔한 무엇이 담겨있다는 느낌은 분명했다.

그는 가구점 점원에서 전자회사 영업사원, 딸기 장수, 카센터 등에 이르기까지 대략 열댓 개의 직업을 가졌었다고 한다. 그러면서도 그는 낙원상가 노래학원에서 노래를 배우기도 하고, 국악기를 접하기도 하는 등 음악적 열정을 내려놓지 않았다고 한다. 그리고 그는 마침내 그 모든 삶의 애환과 음악의 빛깔들을 한데 모아 "가장 한국적인 소리"로 빛을 발하기 시작했다. 잿빛바랜 머리와 흰색 전통의상이 그의 온화한 표정과 어울려 이제는 초연해보이기까지 한다.

안토닌 L. 드보르작

　안토닌 레오폴트 드보르작(Antonín Leopold Dvořák, 1841~1904)은 여인숙집 아들로 태어나 어려서부터 음악적 재능을 보이며 프라하의 오르간 학교에 다니기까지 했다. 하지만 그의 삶은 그리 녹록지 않았다. 개인교습을 하고, 여인숙과 극장을 돌며 비올라를 연주하는 것으로 생활해야 했다. 그가 시간적으로, 경제적으로 얼마나 힘겨워했을지 충분히 짐작이 간다. 심지어는 작곡할 종이와 피아노까지도 여의치 않았다고 하니 오죽이나 했을까?

그런데 오히려 여인숙과 극장을 돌며 비올라를 연주한 덕에 그는 베토벤, 슈베르트의 고전주의 말기에서 리스트, 바그너의 낭만주의에 이르기까지 시대적 변화에 따른 다양한 음악적 양식을 골고루 섭취할 수 있었다. 물론 그 속에는 어린 시절 경험했던 아버지의 여인숙 주변 환경, 시골 아마추어 악단, 오르간 학교 그리고 그 후 겪게 된 평범하고 가난한 음악가로서의 생활 등 그의 삶들이 고스란히 녹아들어 있었다.

드보르작의 가족 / 아내 안나 체르마코바

드보르작은 바로 이 바탕 위에 자기 삶의 터전에 깊이 뿌리내려져 있는 민속적 요소 즉 보헤미아 선율과 색채를 입히기 시작했다. 그가 익혔던 다양한 음악적 양식들과 그가 겪었던 다양한 삶의 경험들은 일곱 빛깔 무지개로 한 데 모였다. 마침내 그의 음악은 한 줄기 빛이 되어 발하기 시작했고 곧 세계적인 관심을 끌게 되었다. 그리고 그는 가장 민속(보헤미아)적인 음악가로 인정받기에 이르렀다.

그리고 보면 그 일곱 빛깔은 바로 우리들 젊은 날의 아름답고 화려한 순간순간의 삶의 모습과도 다르지 않은 것 같다. 파릇파릇 돋아나는 젊음의 새싹은 세상을 온통 초록 빛깔로 물들인다. 보랏빛 환상 속 로맨스를 꿈꾸며 붉게 타오르는 태양을 향해 질주하다 넘어지기를 수없이 반복한다. 때로는 파랑새를 쫓아 푸르른 바다로 달려갔다가 검푸른 남색 빛깔 깊은 바다 속을 보고 겁에 질려 떨며 주저앉기도 한다. 그렇게 젊음은 점점 누릇누릇 무르익어간다.

그렇게 세월이 지나, 제각기 빛났던 그 일곱 빛깔은 이제 한 데 모여 제각각의 색을 점점 잃어간다. 그리고 눈부시도록 밝은 한 줄기 빛으로만 남아 세상을 비춘다. "사람이 꽃보다 아름다워!" 라며 노래와 감탄이 절로 나올 법한 바로 그 순간이다. 아니, 아름다움만으로도 부족하다. 이제는 신비롭기만 하다.

노인의 하얀 머리 또한 같은 맥락이 아닐까? 온 세상 사람들의 머리 색깔은 제각각의 색을 띠고 있다. 빨갛고 노랗고 검다. 그 빛깔대로 사람들은 각자의 멋을 뽐내며 화려하게 살아간다. 하지만 나이가 들면서 모두가 흰색으로 변하는 것은 똑같다. 온갖 희로애락 속에서 각자의 빛깔대로 그만큼 살아봤으면, 이제는 모두가 똑같이 하얗게, 그렇게 세상을 바라보며 살아가라는 신의 뜻이 아닐까? 그런데 우리는 예전의 그 빛깔이 바래져 감을 못내 아쉬워하고 슬퍼하곤 한다. 그런 우리네 모습을 보며 신은 더욱 가슴 아파하고 있는 게 아닐까?

드보르작의 음악은 말년에 이르러서는 원숙미로 한층 더 밝은 빛을 발했다. 이제는 더 이상 이 세상의 것이 아닌 것 같다. 온통 신비로운 기운으로 둘러싸여 있다. 그가 작곡한 9개의 오페라 가운데 가장 성공적인 작품으로 오늘날까지 자주 공연되는 <루살카>(1900)가 바로 그것이다.

안데르센의 <인어공주> 이야기와 거의 흡사한 <루살카>는 인간세계의 왕자를 사랑하게 된 물의 요정 '루살카'의 감동적이면서도 비극적인 사랑 이야기다. 특히 1막에서 사냥 나온 왕자를 사랑하게 되면서, 그

마음을 왕자에게 전해달라고 달님에게 애원하는 루살카의 아리아 '달에 부치는 노래'(Song to the moon)는 단연 백미로 꼽힌다.

달빛 환히 비치는 깊은 산 속 연못을 연상케 하는 하프연주로 시작하여, 그 연못 주위의 나무들이 서로 대화하는 양 목관악기 오보에 이중주, 클라리넷 이중주로 이어지는 전주부는 듣는 이로 하여금 그 고요한 신비 속으로 흠뻑 빠져들게 한다. 그리고 물의 요정 '루살카'의 노래가 흐른다. 소박하고 단조로운 민속선율은 어느새 풍부함과 장엄함으로 다가온다.

아름답다는 표현도 이제는 더 이상 어울리지 않는 것 같다. 한 줄기 빛을 타고 내려온 흰옷 입은 천사의 애잔한 노래라는 것 외에는 달리 표현할 길이 없다.

♫ 추천음악을 감상해 보세요!

음악 - 드보르작(Antonín Leopold Dvořák)
제목 - 달에게 부치는 노래(Song to the moon)
　　　　from 오페라 <루살카>
연주 - 소프라노 르네 플레밍(Renée Fleming)

추천음악 감상하기

Epilogue

또 다른 낯선 길을 향하여

지난 메모장을 여기저기 뒤적이던 중, 눈에 확 들어오는 게 하나 있다.

~~~~~~~*~~~~~~~~~*~~~~~~~~~*~~~~~~~

2013. 01. 18 (금)
팀 버튼(Tim Burton) 전시회에서
(서울 시립 미술관)

내가 미술관에 오는 것은 참 드문 일이다. 특히 혼자 오는 것은 오늘이 처음이다.

아주 낯선 무언가를 해보고 싶었다. 그런 일을 찾던 중, 혼자서 미술관에 가는 것을 떠올렸다. 역시 쉽지 않았다. 오기로 마음먹은 지 3일만에야 겨우 올 수 있었다. 그런데 미술관 입구까지 와서도 계속 망설여졌다. 무엇이 그리도 내 발목을 붙잡고 있었는지? 단지 한 번도 해보지 않은 일이라는 사실 외에는 어려울 게 하나도 없는 일이었는데, 단지 내 마음의 문제일 뿐이었는데, 이게 이렇게도 힘든 일일 줄이야! 하여튼 왔으니 된 거다. 내 인생의 아주 새로운 경험이다.

팀 버튼(Tim Burton)? 얼핏 들어본 것 같기도 하고 ... 하지만, 그가 언제 적 인물인지, 어떤 예술가인지, 나는 전혀 모른다. 내가 무엇을 기대하고, 무엇을 보려고 이곳에 왔을까?

일단 들어왔다. 내 마음의 높디높은 벽을 하나 넘은 셈이다. 천천히 돌아본 지 조금의 시간이 지났을까 생각하며 시계를 들여다본 순간, 벌써 2시간이나 지났음을 알게 되었다. 내 머리 뒤통수에서 시작한 의아함과 놀라움의 전율이 등골을 타고 내려가며 온몸으로 퍼져가는 것을 느낄 수 있었다.

사실 팀 버튼의 영화를 두어 편쯤 본 적이 있었다는 기억을 관람 중에 서야 되살릴 수 있었다. 하지만, 가위손부터 시작하여, 크리스마스에 악몽을 꾸고, 크리스마스보단 할로윈이 더 친근하고 정겹기까지 하며, 신부의 아름다움을 유령의 모습으로 표현하고 있는 등, 그 모든 작품들은 도무지 이해할 수 없었다. 그런데 그랬던 전시물들이 시간이 점점 지날수록 조금씩 친숙하게 다가왔다. 그렇다고 해서 전시되어있는 온갖 괴상한 캐릭터들 자체를 감상하고 이해하게 된

Epilogue

것은 아니었다. 그보다는 그토록 수많은 창조물들을 세상에 내 놓으면서 보내온 팀 버튼의 삶에 대한 공감이라 할 수 있는 것이었다.

아무튼 참 놀라운 일이었다. 그 하나는 여태껏 단 한 번도 해보지 않았던 일, 관심조차 둬본 적이 없었던 일이 나에게 공감과 더불어 새로움을 가져다주었다는 점이다. 그리고 또 하나는 그 공감과 새로움을 얻는데 있어, 나를 가장 힘들게 했던 것은 바로 세월의 흐름 속에서 굳을 대로 굳어버린 내 마음의 벽이었으며, 이 벽을 허무는 것이야말로 세상에서 가장 어려우면서 동시에 가장 쉬운 일임을 깨닫게 되었다는 점이다.

나는 미술을 잘 모른다. 관심을 가져본 적도 별로 없다. 그림이나 조각을 봐도 별 생각이 안 난다. 그저 낯설기만 할 뿐이다. 그래서 미술관에 좀 더 자주 가보려 한다.

---------- * ---------- * ---------- * ----------

방랑은 단지 새롭고 낯선 곳을 향한 끊임없는 움직임에 지나지 않다. 그것은 변화요, 도전이다. 방랑의 한 가운데에 있을 때에는 그게 무엇인지 알기가 어렵다. 기대와는 반대로 혼란과 후퇴의 모습으로 다가올 때가 더 많다. 더욱이 그 끝이 어딘지 도무지 보이지 않을 때가 허다하다. 하지만 궁극에는 새로움과 발전의 모습을 만나게 된다.

또 그게 끝이 아니다. 하나의 터널을 지났다 싶으면 반드시 또 다른 터널을 만나기 마련이기 때문이다.

예나 지금이나 방랑의 이러한 속성들에 있어서는 변함이 없다. 내게서 바뀐 게 있다면, 그것은 방랑을 마주하는 내 마음일 것이다. 이전에는, 방랑을 앞에 두고 내 마음에 먼저 일어났던 것은 낯선 것에 대한 불안, 넘어질 것에 대한 두려움이었다. 그래서 피하고 싶었다. 하지만 이제는 호기심으로 시작하여 흥미진진함과 그 어떤 보물을 발견하게 될 거라는 기대감이 앞선다.

Epilogue

　이 한 권의 책으로 나의 방랑이 끝나진 않을 것이다. 솔직히 이제는 끝내고 싶지 않다. 오히려 더 잦아질 것이다. 물론 그 모습은 예전의 그것과는 전혀 다를 것이다. 별을 바라보며 또 한 번의 방랑을 꿈꾸는 지금, 마음속에서는 벌써 잔잔한 설레임의 물결이 인다.

　끝으로, 약 22년 전에 사고로 인해 희미하게 꺼져가던 내 삶의 불꽃이 다시 타오를 수 있도록 도와주고 지켜봐준 수많은 이들의 인내와 눈물과 사랑을 다시금 떠올려 본다. 그리고 그 도움들은 그 긴 시간 동안 두려움에 머뭇거렸던 나의 방랑이 이제 기대에 부푼 방랑으로 되기까지 크나큰 힘이 되었음을 다시 한 번 기억해본다. 여기에 일일이 다 나열할 수 없음을 죄송하게 여기며, 미약하나마 우선 이 지면을 통해 진심을 담아 감사한 마음을 전하고자 한다.

"감사합니다!"

Profile

지은이 양성원

삶의 진리 탐구에 대한 남다른 관심으로 연세대학교에서 전공으로 신학을 선택했다. 그 기간 중 남다른 군복무 5년과 짧은 직장생활 1년으로 입학한 지 10년 만에 졸업했다. 하지만 어려서부터 줄곧 교회성가대에서 노래한 것을 시작으로, 중학교 졸업하면서부터 직접 친구들과 밴드를 조직하여 활동하고, 대학에서는 합창단(연세 남성합창단 GLEE CLUB)에서 노래하고, 교회성가대를 지휘하기까지 살수록 넘치는 음악에 대한 열정으로 다시 동(同)대학 음악대학 성악과에 진학했다.

성악과 재학하면서 휴학 기간 중에 불의의 교통사고로 목숨을 잃을 뻔했다. 그 사고로 인해 오른팔을 더 이상 사용할 수 없게 된 상태로 복학하고, 졸업했다. 그 직후, 미국 Westminster Choir College의 성악 콩쿠르에서 우수한 성적을 얻었지만, 경제 사정으로 인한 유학 포기와 함께 힘겨운 이별을 겪었다. 다시 유학길에 오르기 위해 영어공부와 경제활동을 겸할 수 있는 영어강사 직업(주재현JFKN 수석강사; 영어뉴스청취)을 선택했고, 연세대학교, KT&G 본사, 문체부, 국방연구원(KIDA) 외 다수의 대학, 기업, 기관에서 강의했다.

영어 학원사업의 실패, 두어 차례의 교통사고, 이별 등의 여러 어려움들을 동시에 또 한 차례 겪은 후, 마음을 추스르기 위해 다시 노래를 시작했고, 3인 음악회, 창작성가 발표회, 하우스콘서트 정기 독창회 그리고 합창단(연세 남성합창단 GLEE CLUB O.B.) 지휘 등으로 현재까지 연주활동을 계속해오고 있다. 이와 병행하여 국립외교원, 국가공무원 인재개발원, 한미연합사에서 영어강의를 하면서, 20년 남짓 동안 강의를 지속하고 있다. 또 그동안 겪었던 많은 일들을 통해 얻은 깨달음으로 우연히 글을 쓰기 시작하여 3년 남짓 되었고, 이를 바탕으로 삶의 진리에 관한 진솔한 대화를 좀 더 많은 이들과 나누고자 본서 「별을 좇아 방랑하라」를 출간하게 되었다.

발등 쫓아 양광읍니다!
꿀처럼 달콤에서 쭐는 유시창임 양이 기저들

초판 1쇄 발행 2020년 3월 20일

지은이 양성원

등 록 제 25100-2011-000048호
ISBN 978-89-967693-4-7 03800

펴낸곳 빈카나레이션즈
주 소 서울시대문구 연희맛로 32 도서헌빙 2층
전 화 02-3141-3648 E-mail binc@binc.co.kr